感受性を育む

現象学的教育学への誘い

中田基昭——[著]

東京大学出版会

On Sensitivity:
An Introduction to Phenomenological Pedagogy
Motoaki NAKADA
University of Tokyo Press, 2008
ISBN 978-4-13-051314-2

はしがき

感受性への問いに向けて

筆者はこれまで主として、重度の知的障害を蒙っている子どもたちの他者関係や、小学校の授業における教師と子どもたちとの関係を、哲学の一領域である現象学に基づいて解明する、ということを研究課題としてきました。特に、教育実践の現場と常に関わりながら、子どもたちが、他者と共に自分の在り方を変えていくことがどのようにして可能となるのか、また、実際にどのようにして自分を変えていくのかを捉えようと試みてきました。

こうした課題を追究する際に、筆者にとって大きな助けとなったのは、フッサールやハイデッガーやメルロ‐ポンティやサルトルといった現象学者による、人間の生や世界の解明の仕方でした。しかし、彼らの哲学に導かれながらも、多くの優れた実践者と出会い、彼らと共に、子どもたちのおかれている現状に深く関わらせていただく中で、重度の知的障害を蒙っている子どもたちのいわゆる知的発達や、授業の課題に取り組んでいる子どもたちの知的活動だけを捉えるだけでは、物足りなさを次第に感じるようになりました。というのも、彼らの知的側面を捉えるだけでは、子どもたちが日々何気なく生きている時の彼らの在り方には迫れないのではないか、といった想いを強く抱くようになったからです。また、日常的に子どもたちと関わっている多くの優れた実践者の教育実践に接していると、言葉では言い表せない豊かな感受性と子どもへの想いの方が、いわゆる教育研究によって通常捉えられている知的な関わりよりも、大きな影響力を備えているのではないか、といった想いも次第に強くなってきました。

筆者のこうした想いは、これまで拠り所としてきた現象学の読み方をも変えるようになってきました。現象学は、その難解さや思索の深さゆえに、通常は見逃されていたり、捉えられないような深い次元で人間の在り方を解明している、という点では、以前とは変わりありません。しかし、そうした深い次元は、知的活動によっては捉えられない、人間の在り方となっている、と思うようになりました。

現象学に対する想いのこうした変化と相俟《あいま》って、教育実践における実践者との関わりから、しかも、特に最近の教育や養育に関わる悲惨な現状に接することからも、いわゆる感受性という言葉で表現されていることが、他者関係だけでなく、自分自身についての自分の在り方にとって非常に重要な役割をはたしているのではないか、という想いが浮かんできました。

感受性に関しては、かつて筆者が『重症児の現象学』（川島書店）で編者としてその実践を紹介した、ケルン大学治療教育学部のフォルネフェルト教授の実践と記述を邦訳した時にも、彼女の感受性に深く感動したことがありました。しかし、その時には、フォルネフェルト教授の感受性が、単に子どもたちへの接し方や実践の記述にだけではなく、日常的な他者関係における配慮に満ちた振舞いとも深く関わっている、といった程度のことしか捉えられませんでした。

また、筆者は、ここ十数年来、教育学部のゼミで、人間関係について感受性豊かな記述がなされている書物を取り上げ、それらを学生と一緒に丁寧に読む、ということをしてきました。そうした本の中のいくつかを紹介すると、例えば、霜山徳爾の『素足の心理療法』(みすず書房)、フランクルの『夜と霧』(みすず書房)、レインの『ひき裂かれた自己』(みすず書房)、東大戦没学生の手記である『はるかなる山河に』(東京大学出版会)、竹内敏晴の『ことばが劈かれるとき』(思想の科学社)、笠原嘉編の『ユキの日記』(みすず書房)、村上英治の『重度心身障害児』(川島書店)、谷昌恒の『ひとむれ』(東京大学出版会)、サルトルやドストエフスキーや夏目漱石等の小説などがあげられます。

そして、神谷美恵子の『生きがいについて』(みすず書房)は、ほぼ毎年学生が選んできます。神谷は、精神科医として、当時はまだ隔離政策がとられていたハンセン氏病者の収容施設で、世間からだけではなく、家族や親族からも隔離され、そのために「生きがい」を失った人々と共に生活しながら、生きがいを失った人々の苦悩や悲しみを、またそれを乗り越え再び生きがいを見出していく様子を、それこそ感受性に満ちた豊かな言葉で記述しています。そこで、心を病んでいる人の傍らに居続けた、神谷のそうした記述に導いてもらうことによって、現象学の観点から、感受性について探ることができないだろうか、という想いに到りました。

　こうした想いから、本書が導かれました。しかし、感受性について書くからといって、筆者自身が感受性を備えているわけでは決してありません。そうした筆者がはたしてこの課題で何かを書くことができるだろうか、という想いも強くありました。しかし、自分が感受性を備えていないからこそ、感受性について探ってみることがむしろ可能になるのではないか、と思いなおしました。そのうえで、現象学に基づき感受性について探るためには、先ほど述べましたように、これまでの現象学の読み方が筆者自身の中で変わった以上、読み方のこうした変化を前面に出すのがよいのではないか、と思いました。

　そこで、本書では、新たな文章を書くだけではなく、これまで筆者が書いたものの中で引用してきた現象学者の言葉や思索を、感受性という観点から取り上げなおすこともしました。ですから、本書では、これまでの筆者が書いたものとは異なり、論理的展開や当の現象学の文脈から多少離れても、感受性について筆者自身が捉えなおすことができるような書き方にしようと思いました。そのため、本書で引用される現象学者の言葉は、筆者自身がこれまで引用に際し訳してきた言葉ではなく、本書の目的に沿うように訳し変えたところも多々あります。また、筆者がかつて書いたものと内容が重複する箇所も本書にはありますが、上述した理由から、文脈も変えることにしました。そうした場合には、そのつど注で当の箇所を指示しておきました。

本書の以上の趣旨に即し、第1章と第6章以外は、どの章から読んでいただいても、内容が捉えられるよう、工夫しました。

こうした想いに導かれたことから、本書では、筆者がこれまで属していた教育の世界についてだけではなく、広い意味での教育活動の根幹をなしている人間関係や人間と世界との関わりについても、探ることにしました。ですから、章によっては、教育とは直接関わりのない事柄についても記述することになりました。しかし、感受性は、自分と他者との関わりにおいて、また、自分の在り方と世界との関わりにおいて、本人には気づかれることのないままに、微妙な仕方ではあっても、大きな影響力を発揮しているはずです。そこで本書では、通常は気づかれていないために、いわば生の奥深いところで、私たちの在り方を支えているものを、感受性という観点から、いくらかでも明らかにしようと思います。

本書で学ばせてもらうことになる現象学者の著作は、各現象学者の主著であり、本書で取り上げるものは、それらの著作で展開されている思索のほんのごく一部でしかありません。しかし、本書をきっかけとして、読者の方々が、これまで筆者が書いてきたものに、さらには、現象学の著作そのものに関心をもっていただくことになれば、本書の目的がいくらかでもはたせたことになるのでは、という淡い期待を抱き、本書を書きました。

最後になりましたが、編集の労をとってくださった、東京大学出版会の後藤健介さんには、本当にお世話になりました。編集者は、著者にとって一番最初の読者である、という筆者の想いに応えてくださり、草稿の段階でかなりの部分に疑問や読者の方々に対する配慮の必要性等に関し、後藤さんからは、丁寧な書き込みをしていただきました。この場をお借りして、心より感謝の言葉を述べさせていただきます。しかし、それらに十分に応えられたかどうかは、読者の方々の判断に委ねなければならないでしょう。

二〇〇八年三月

筆　者

感受性を育む——目　次

目次

目次

第1章 認識から感情へ

1 人間研究について神谷美恵子から学ぶ

一 認識について

認識や論理的思考といった活動は、それぞれの学問領域において重要視されていることからも窺えるように、人間の諸活動のなかで、特に重要で、価値あるものとされている、ということは誰もが認めることだと思います。このことは、現在においてだけではなく、例えば、近代では、デカルトの「我思うがゆえに我あり」やパスカルの「人間は考える葦である」、といった言葉から、古くは、ギリシャ時代の、「理性を備えた動物（zoon echon logon）」といった人間観とか、感情や気分に左右されることなく物事は冷静に捉えるべきという「学問のソクラテス主義」、といった考え方にまで遡れます。

　しかし、最近の社会的傾向をみてみると、認識や思考の観点からだけで人間の活動を捉えることの問題点が指摘されているようです。例えば、筆者の研究領域である教育学研究や教育実践においても、いわゆる知・情・意［＝知識と感情と意志］といった分類に即せば、情や意の重要性が指摘されています。意に関しては、例えば、学習意欲や労働意欲の低下、あるいは無気力といったことが非常に大きな問題とされるようになりました。また、本書で探ってみたい情に関しては、いわゆる心の問題として、他者に対するやさしさ、豊かな感情、感受性といった言葉で代表されるように、認識等の、広い意味で生産的な活動ではなく、生産性や合理性や論理性や功利性といった基準では測ることのできない、人間の在り方が問題とされてきています。

　ところが、こうした情の領域に属する人間の在り方は、客観的で実証的な基準では測れないため、それをどのような言葉で名づけようとも、その言葉でもって指し示されている在り方がどのようなものであるかが、非常に曖昧であり、人々の間で共通理解をもちにくい、ということがあります。それにもかかわらず、その在り方が人間として目指されるべき在り方である、ということは共通しているようです。というのも、日常的な行動や振舞いにおいては、特に人間関係においては、むしろ非生産的で非合理的な関わりが重要な役割を担っているからなのでしょう。それどころか、「人間の心はそれほど単純には割り切れない」、といった言葉からも明らかとなるように、もともと人間は、非論理的な生き方をその本質としています。後に述べるような意味で豊かな感受性をもって、ハンセン氏病者の「生きがい」について、非常に丁寧な記述をしている神谷美恵子は、「あたまでこしらえた心のかまえはあとからあとから押しよせる悲しみの涙にさらわれて行く」(一〇八頁)、と述べています。(1)

そこで、非論理的な生き方をしている、あるいは時としてそう生きざるをえない人間は、そもそもどのような在り方をしているのか、ということを、感受性という観点から捉えなおしてみたいと思います。そのために、まずは、このような在り方と対置される、認識における在り方の側から、この問題について探っておきたいと思います。

神谷は、ハンセン氏病予防法が廃止される以前に、ハンセン氏病者が「隔離」されていた或る施設で、精神科医として彼らに寄り添いながら、生きがいをなくした患者たちが生きがいを再び取り戻していく過程を、感受性豊かに描いています。そこでの体験に基づき、神谷は、認識作用の一つである「説明というものは、いつも事実をあとから追いかけるだけのものである」(三三頁)、とみなしています。というのも、「~について正しく認識する」、という言葉からも容易にわかるように、認識においては、認識されるものが、認識することに先立ってすでに存在しており、その存在に見合った活動が、特にそれを言葉でもって論理的に表現することが求められているからです。筆者自身がこれまで人間について考える時の理論的背景として依拠してきた現象学においても、人間的な事柄について考察する際には、自然科学のように説明(Erklärung)するのではなく、解明(Aufklärung=啓発)することが大事である、とされています。生の哲学者と呼ばれているヴィルヘルム・ディルタイも、生をより深く了解すれば、この「了解（Verstehen）という過程によって、生は［そのつどの］自分自身を超えて生の奥深くで解明されて啓発される（aufgeklärt）」（Dilthey, 1927, S. 87,［ ］内は引用者。以下同様）、と述べています。すなわち、認識とは異なり、ディルタイがいうところの了解においては、了解されるべきことを正しく捉えたかどうか、ということが問題となっているのではありません。むしろ、人間が人間を了解すると、そのことによって、了解している自分自身が啓発され、より深くより豊かな自分となることができる、ということを私たちに可能にしてくれるのが了解である、ということです。

こうしたことからすると、人間研究においては、認識によって人間を捉えることに対し、慎重であらねばならなくなります。このことを神谷は、まず次のように述べています。「人間の生きがいというような奥深い問題を探求する上で意味のあるものは、むしろそうした［＝統計やアンケートや心理テストといった］機械的調査のあらい網の目からは洩れてしまうもののなかにふくまれていると思われ、そういうこぼれ落ちたもののなかから考える材料をひろいあげ」る（九頁）、と。その上で、認識についてさらに次のように述べています。すなわち、「人間の精神を探求する場合にも、つめたい認識の眼とちがって、個々のひとの個性を、そのかけがえのなさにおいて、あるがままに眺める」ことが必要である（一六一頁）、としています。というのも、神谷によると、「認識」には、「対象にむかって切りこもうとするあらあらしさ」や「征服とか攻撃などの能動的態勢」（一五七頁）が認められるからです。

同様のことを、現象学的精神病理学者であるヴォルフガング・ブランケンブルクは、さらに明確に次のように述べています。すなわち、「実証的で科学的な意識は事実を確定し、確定されたものを説明しようとしたり、できるならば確定可能なものにしようと試みる」(Blankenburg, S. 23, 三九頁)、と。こうした試みは、科学的研究において知られてくるものや事柄を、その研究においてあらかじめ設定されている理論的枠組みに当てはめることになります。その結果、こうした試みは、結果として、私たちの現実的な経験を歪めてしまうおそれがあります。

二　人間について記述すること

では、人間研究においてだけではなく、日常生活においても、人間の生やいわゆる感受性といった営みを探求したり、深めていくためには、認識することをやめ、いわば先入観を捨て、神谷のいうように、「あるがままに眺める」ように試みさえすれば、それだけでいいのでしょうか。この点に関し、先ほどの引用文に引き続き、神谷自身は次のように補足しています。すなわち、あるがままに眺めると「同時に、そこに含まれている過去の集積も未来への可能性も、一瞬のうちに洞察する」(一六一頁)ことが必要である、と。

この補足からすると、「あるがままに眺める」ことは、ただ単に何かを見てみることではない、といったことが容易に理解できます。また、ブランケンブルクも、事柄に忠実に即しているという意味での「いわゆる『純粋な』記述は、それがどのようなものであれ、そのほとんどが……多かれ少なかれ、必然的な仕方で理論的にあらかじめ影響を負っているのであり、しかも、記述する者がそのことを承知していなければ、それだけより一層そうなのである」(Blankenburg, S. 11, 二三頁)、と述べています。こうしたことからすると、人間的な出来事を認識や思考に頼らずに、深く豊かに捉えるためには、例えば、その日の出来事を丁寧に日記に綴《つづ》ったり、筆者が属する教育学の領域において典型的なように、様々な教育実践を記述する、といったことだけでは、ディルタイのいうような、生の奥深くへと迫ることはできないことになります。むしろ、どのような記述にも、それが暗黙のうちに負っている理論に応じて、いわゆる深さ浅さ、豊かさ貧しさ、といった次元があることになります。

理論が私たちの記述に対して、暗黙のうちに大きな影響を負わせていることは、やはり現象学的精神病理学者である木村敏が、統合失調症という診断を下す際に次の二つの判断を区別していることからも、窺えます。その一つは、患者が示す症状に基づいてなされる判断であり、この判断は、「臨床的にある病像」を、対象を記述する場合と同様の仕方で、「外側から限定」するため、「限定的術語」と呼ばれます(木村、一二三頁以下)。もう一つは、「患者である人間からわれわれが受取る全体的印象からなされる」判断であり、この判断によっては、その患者が具体的に、しかも全体的に捉えられるため、「人間的術語」と呼ばれています(木村、一二四頁)。

木村は、これら二つの術語による捉え方は、「たんにその次元を異にしているばかりでなく、その対象をも異にしている」（木村、一二八頁）とし、人間的術語によって捉えられるものは、限定的術語によって或る人間を外側から限定することによっては捉えられることがない、とみなしています。それどころか、限定的術語においては、「症状の多彩に眼を奪われて、ともするとこの人間的印象を見逃しがちであるかも知れない」（木村、一二五頁）、と警告さえしています。

そのうえで木村は、印象として感じられるだけであり、「一般に『感情診断』（Gefühlsdiagnose）とよばれる方法」（木村、一七〇頁）の重要性を指摘します。つまり、患者との経験を多く備えている臨床家なら、例えば『ＤＳＭ（Diagnostic and Statistical Manual of Mental Disorders＝精神疾患の診断・統計マニュアル）』といった、何らかの診断基準に頼らなくても、患者に会っただけで、精神疾患を感じてしまうからです。こうした感じは、プレコックス感情（Precoxgefühl）という言葉があるほど、この領域ではよく知られたことのようです。そして、臨床家に抱かれるこうしたいわば主観的な感情診断という経験的な事実からは、診断基準に従ったり、患者を外側から限定したりすることによっては捉えることのできない、一人の人間としての患者の在り方を捉えることの重要性が浮かび上がってきます。ですから木村は、例えば、臨床像においてはもはや何ら統合失調症の兆候を見せなくなったにもかかわらず、「どうしてもまだ真の自然さ、内密さ、自由さの輝きに乏しいという印象」（木村、一二〇頁）は、実は、「われわれ自身の内面の表現に他ならない」（木村、一三二頁）、としています。感情診断や木村のこうした言葉からは、患者の在り方を全体として捉えようとする者は、患者と対面している時に自分の内面で生じていることに敏感にならなければならない、ということが窺われます。

筆者自身がこれまで長く関わってきている、重度の知的発達障害を蒙っている子どもたちの場合にも、同様のことがいえます。つまり、知能検査に代表される各種の発達尺度やＤＳＭといった診断基準に照らし合わせて捉えられるのは、彼らの具体的で日常的な関わりから切り離されたものでしかありません。他方、こうした子どもたちと長期にわたって教育的関わりをしてきた教師には、彼らとの出会いに際して、まさにプレコックス感情と同様の感覚によって、例えば、この子どもは自閉症であろう、といった判断を抱くことがあります。しかも、その際、上述した客観的な診断や検査では抜け落ちてしまっている、例えば、単に他者を拒んでいるのではなく、そもそも他者がその子どもに何の意味ももっていないのではないか、といった彼らに特有の他者関係の阻害や、当の子どもが抱えている困難な生き方を、それこそ言葉にできない次元で見抜くことができます。それどころか、逆に、この子どもがなぜ自閉症という診断名を下されたのかが理解できない、と感じてしまうことさえ、しばしば生じます。診断を下す者と、障害を蒙っている子どもたちと日々関わっている教師や養育者との間のこうした齟齬《そご》から垣間見られることは、自ら身をもって、しかも喜怒哀楽を共にしながら他者と直接関わることと、いわゆる客観性の名の下に、他者から一歩身を引いて他者を認識の対象とみなすこととの間にある、人間の捉え方の根本的な違いです。

親や教師等によって日々繰り返される養育や教育実践においては、喜びや辛さといった子どもの感情に関わらなければならないだけでなく、親や教師自身にも感情を伴った関わりが求められるはずです。したがって、子どもにとっては、診断を下す者と親や教師や他の子どもとでは、彼らの他者関係が、それどころか、彼らの在り方さえもが全く異なってくることになります。しかも、日常的な生活の中で、それぞれがお互いに自分の内面の表現でもって他者と関わっていることからしても、他の人間について私たちが抱く印象は、その人を捉える者自身の内面の表現に他ならない、ということになるはずです。

三　感受性への問いに向けての本書の課題

では、神谷自身は、人間の生を深く豊かに捉えることに、どのように迫っているのでしょうか。感受性への問いを本書で深めるために、まず以下で、神谷の言葉を手がかりとして、どのような観点から本書の課題を設定すべきかについて、予備的に述べておきたいと思います。

その際、まず注意しておかなければならないのは、感受性は、人生の由々しい場面に遭遇した時の人間の在り方において際立ってくるだけでは必ずしもない、ということです。例えば、日々の生活に追われていたり、常に新しいものや人目につくものや、それらの変化を求めている人間には、心を和《なご》ませたり、生活に潤いをもたらしてくれるような、ちょっとした些細なことに感じ入る余裕をもつことはできないでしょう。神谷のいうように、「こまやかな感受性をもったひとは、しずかなくらしのささやかな事柄のなかに生存充実感を求め、感度の高い受信機のように、ふつうのひとには見のがされてしまうようなところからこれをつかまえてくる」（四四頁）、といった体験をもつことができるはずです。ですから、感受性について捉えなおすためには、身の周りのこうしたささやかな事柄にどれだけ敏感であるか、といったことを視野に入れる必要があるはずです。

日常生活におけるこうした濃《こま》やかな感受性に関しては、主として第5章で探りたいと思います。ですから、教育の場面からは少し離れるようにみえるかもしれませんが、第5章では、日常的に営まれている私たちの在り方が取り上げられることになります。しかし、その前に、まず次節では、すでに簡単に引用したブランケンブルクの記述を頼りに、私たちの日常生活を支えているにもかかわらず、通常は気づくことなく見過ごされている当たり前のことについて、ブランケンブルクの言葉を使えば自明性について、感受性の観点から、捉えなおしておきたいと思います。この捉えなおしの結果、日常生活を暗黙のうちに支えている自明性は、私たちの感情や気分といったものと密接に関わっていることが、導き出されることになります。

感情や気分と呼ばれているものを捉えなおす際に、しかも、それを感受性の豊かさと結びつけて捉える際に、特に重要な視点は、感情には深さがある、ということです。神谷も、例えば、「苦しみは精神の一部しか占めないことが多いが、悲しみは一層生命の基盤にちかいところに根をおき、したがってその影響は肉体と精神全体にひろがって行く」（九五頁）、と述べています。この言葉からは、感情は、深さに関し、いわば層を成しており、その深い基底層では、身体と精神とが一体となって人間の在り方そのものを成している、ということが導かれます。そこで、本章第3節では、感受性の問題を感情の側面から探っていきたいと思います。

そのうえで第2章では、苦悩する人間の在り方について、探ってみたいと思います。というのも、感受性を育むためには、私たちは、自分自身に向き合うことがどうしても必要となるからです。神谷のいうように、「苦悩がひとの心の上に及ぼす作用として一般にみとめられるのは、それが反省的思考をうながすという事実」であり、「そこで自己に対面する」（九八頁）ことを苦悩が促してくれるはずです。大きな齟齬なく日常生活を送っている時には感じることのない自明性が、実はどのようなものであるのかが、自分自身に気づかれるためには、そうした日常の生活に何らかの抵抗が生じる、といったことが必要なのでしょう。というのも、そうした時には、私たちの意識は外に向かうことを一旦停止して、自分自身と向き合わざるをえなくなるからです。そして、本書でこれから探っていくことになりますが、まさに苦悩の真只中で自分自身と向き合うことによって、私たちのいわゆる心の襞《ひだ》が深く刻み込まれることになり、感受性が深く豊かに育まれる、といったことが可能になるはずです。

しかし、私たち人間は、自分自身と向き合うことにより、心の襞を深く刻み込まれるとしても、苦悩する自分の在り方を自分一人では支えることができません。神谷もいうように、「自己の生存に対する反響を〔他者に〕求めるということは、人間の最も内在的な欲求と考えられる」(四九頁) 以上、「新しい連帯感のなかで『反響への欲求』も充分みたされる」(一六四頁) ことになるはずです。そこで、第3章では、他者と向き合うことと、そこから生じてくる他者関係における感受性とについて、探ってみたいと思います。

そこでの考察を先取りすることになりますが、私が他者と向き合っている時には、まさに身体的な作用の及ぼし合いが生じています。そこで、第4章第1節では、身体と身体によって捉えられる世界や世界内の物との密接な関係について探りたいと思います。

ところで、神谷のいうように、一方においては、「表現への努力がもののみかた、感じかたをきびしく、こまやかにするし、そのようにして見られたもの、感じとられたものはやがて自分のほうからひとりでに表現の道を求めてやまなくなる」(一五六頁)、ということがありながらも、他方で同時に、「同じことばさえあやつっていれば、ひとによってその意味する内容がちがっていても、ひととおり通じ合ったような錯覚をおこす」(六三頁)、ということも事実でしょう。そこで、第4章第2節では、深い次元で感受された自分自身や他者や世界についての体験を言葉にもたらすことについて、探ってみたいと思います。

そのうえで、第5章第1節で、日常生活における道具としての物の現われに関する感受性と、第2節で、世界が豊かに現われてくることについて、探ってみたいと思います。

第6章では、第5章までで探ってきた事柄の中から、第1節で、身体と気分との密接な関係について、第2節で、多数の他者と共に生きることについて、再び取り上げることにより、これらに関する感受性をさらに捉えなおしてみたいと思います。

本書の以上の課題と記述の方向を導いてくれた神谷は、「人間の心の奥底には自分すら気づかぬ多くの感情や欲求や観念が沈殿している。それが急に烈しい感情につきあげられ、凝結し、一つのものとして表出されるのであると考えられる」（一七九頁）、といいます。そこで、終章では、本書で捉えなおされる人間の在り方や感受性は、人間として生まれてきた以上、誰にでも本来備わっている潜在的な能力を、どれだけ十分に実現できるかにかかっていることを、発達という言葉が含意していることに基づいて、考察し、本書を終えたいと思います。

2　自明性についてブランケンブルクから学ぶ

人間そのものや人間に関する事柄について研究する際に、それどころか日常的な営みのレベルにおける人間の在り方を捉える際に、捉え方の深さを問題とするには、まず、先に触れたディルタイにおける次のような生の捉え方が、私たちに非常に有益な示唆を与えてくれるはずです。

ディルタイは、生を、「知られることのない深さの中に潜んでいる非合理的なもの」（Dilthey, 1957,

S. CX)、「把握しえないもの」、「到達しえない未知のもの」、「極め尽しがたく」「定められていないもの」(Dilthey, 1960, S. 143ff.)、とみなします。しかしだからといって、ディルタイは、生を捉えることを諦めるべきではなく、「生をあるがままに示すこと、……生を記述すること、……その究め尽しがたい深さと関連の中で生を明らかにすること」(Dilthey, 1957, S. LIV)を、彼自身の哲学の課題とします。というのも、把握しえず究め尽しがたいために、たとえ生を捉えることが完全にはできなくても、捉えようとする試み自体によって、生そのものが啓発されて、より深みを備えた豊かなものになる、とディルタイが考えているからです。

このことを、現象学者である渡邊二郎は、哲学するためには、「一つの思想の根ざすところの生そのものの中に」潜んでいる、「究め尽くし得ない或る絶対の何物か」へと、すなわち生それ自身へと迫らなければならない(渡辺、七頁以下)、と表現しています。渡邊のこの言葉から、哲学は、高尚で、あるいは理論的ではあるが、形式的で、哲学者の頭の中でこしらえられたいわば中身のない空虚なもの、といったものではないことが窺えるはずです。むしろ哲学は、それとは全く逆に、通常は何気なく行なっていたり、私たちが日々生活していくうえで、欠くことのできないことを私たちに示してくれ、私たちの生そのものを深め、豊かにしてくれることに、あるいは少なくとも、そのための手がかりを与えてくれることになるはずです。

しかも、渡邊によれば、「生の内面は、一方で明るく澄んだロゴス的［＝理性の］世界をもち、他方で暗いパトス的［＝情念の］側面を含」（渡辺、八頁）んでいるため、ロゴス的世界がより深められれば、ロゴスによっては捉えられないパトス的側面もより一層深く豊かになる、とされます。そうである以上、生を深めるとは、まず当の生を捉え、そのことにより、捉える試みによって捉えられない次元がより深められる、といったことになるはずです。

では、生をこうした仕方で深めることとは、具体的にはどのようなことなのでしょうか。まずこのことを、私たちの日常的な営みや他者との関わり合いにおいて、実は重要な役割をはたしてくれていて、しかも、現象学においても重要な思索の事柄である、自明性に関するヴォルフガング・ブランケンブルクの記述を手がかりに、探っていきたいと思います。

私たちが日常生活を何気なく送っている時や、何らかの明確な目的をもって意図的に活動している時を含め、私たちの活動のすべては、ことさら意識されることなく、多くの当たり前のこと、すなわち自明性に支えられています。そして、こうした当たり前のことが、精神の病に苦しんでいる人間には、当たり前となっていない、とブランケンブルクはいいます。それどころか、彼の患者である統合失調症患者のアンネ自身も、「私に欠けているのは、きっと自然な自明性（Selbstverständlichkeit＝当たり前のこと）なのです」（S. 42, 七四頁）、と語っています。[2] 例えば、洋服を選んだり、刺繍《ししゅう》をしたり、他の人と一緒に仕事をしたり、といったごく日常的な生活において、自分には自明性が欠けている、と彼女は感じてしまいます。

この自然な自明性を彼女は次のように表現しています。すなわち、それは、「ほんの些細なこと」や「最も単純なこと」（S. 42f., 七四頁以下）であり、「その問題を生きている時に初めて、それがわかる」（S. 75, 一二六頁）しかないようです。しかし同時に、「わからないけど、わかるということではない」（S. 43, 七五頁）ことでもあるようです。しかもそれは、「それがないと生きていけない何か重要なもの」であり、「基盤」として、「誰もが何としても必要としている」、「人間なら間違いなく必要としているもの」（S. 42ff., 七三―七七頁）のようです。当たり前であると同時に、それがなければ生きていけないような、しかし、私たちにはそれが欠けていないからこそ、それが何であるかがわからず、アンネにはそれが欠けているにもかかわらず、それが何であるかがわからないこうしたことを、ブランケンブルクは、アンネ自身によって語られている言葉を使って、自明性と名づけ、それを明らかにしようと試みています。

ところが、この自明性は、当たり前であるため、それほど容易には、明らかになってくれません。というのも、ブランケンブルクによれば、「この秘密に満ちた『何か』は、意識に対して頑《かたく》なに身を守り、強固に抵抗するように思われ」（S. 60f., 一〇四頁）、アンネのように日常生活がうまくいかない時に、それが欠けていることが強く自覚されるだけでしかないからです。

しかし、こうした自明性は、アンネの言葉によると、それがなければ生きていけない以上、人間にとって、基本的なものであるはずです。しかも、「基本的（basal）であるといえるのは、一方では、それが慣れ親しまれた日常的な意識の基盤から際立ってくることがないし、たいていは見逃されてしまうからですが、他方では、それが――こうした基盤と同一のものとして――土台として、人間的な……日常性を支えているから」（S. 62, 一〇七頁）です。そうである以上、その本質からして、私たちがことさらそれを取り上げ、認識することによって、私たちを基本において支えていた自明性は、もはや私たち自身の基本ではなくなってしまいます。ブランケンブルクによれば、「自明なものは、理性の原理からその普遍性を要求することを妥当なことにしてくれる以前に、［すでに］あまねく支配している」（S. 77, 一二九頁）、とされています。

ですからアンネは、「これは感じ方に関わる事（gefühlsmäßige Sache）なんです」（S. 61, 一〇六頁）とか、「繊細な感情（Feingefühl）」（S. 82, 一三八頁）と表現するしかないのでしょう。そして、これらの言葉が、他者との日常的な関わりにおいて、理屈や論理によっては、それどころか言葉をいくら尽しても、お互いの気持ちが通じない時にも使われる表現でもあることからすると、後に他者関係の在り方に関してもう一度取り上げたいと思いますが、こうした自明性は、人間関係にとっても非常に重要な役割を担っているはずです。すなわち、「自明なものこそが、［人間間の］どのような相互理解に際していつもすでに既知のものとして前提にされるものであり、それゆえ相互理解の下にあってそれを支えている」（S. 77, 一三〇頁）はずです。したがって、自明性は、通常は私たちには知られることのない深さの次元に留まっていることになります。

そして、自明性が欠けているからこそ精神の病に苦悩しているアンネのような患者は、自明性がどのようなことであるかを何とかして明らかにしようと、言葉を紡《つむ》ぎだしてくれるわけです。そうである以上、研究者にとって「立てられるべき課題はむしろ、統合失調症者に接している際に、私たちに迫ってくる見慣れないものを、あるいは通常とは異なっているものを目の前にして、正常さからの隔たりを見極めなければならないからではなく、より包括的な本質理解の中へ［それらを］取り入れることができるようにと、私たちの……［相互理解の］可能性を拡げるように配慮すること」（S. 63, 一〇九頁）になるはずです。そして、そのためには、「違和感を催《もよお》させるものを排除するのではなく、それを取り込み、このことによってそれを解明しようと努めるような了解を、そのまま一定の方向へと押し拡げなければならない」（S. 64, 一一〇頁）はずです。また、実践者にとって「重要なことは、患者から聞き知ったものが、それ自体自ら語りだすことができるような次元を明るみに出すこと」（S. 81, 二〇二頁）であるはずです。そして両者にいえることは、私たちには欠けておらず、アンネのような患者には欠けているために、両者のこうした違いによって患者が陥っている疎外感がどのようなものかを患者に即して捉えようと、「私たち自身がこの［＝患者と同様の］驚きの中へと入りこまなければならない」（S. 60, 一〇三頁）、ということです。

全く同様のことは、教育実践においてもいえることは、驚きをもって子どもたちに出会うことの大切さが、多くの実践者によって指摘されていることからも、多くの説明はもはや必要ないでしょう。

自明性は、以上で述べたように、日常的なすべての活動を支えている基盤であり、認識によっては捉えられない限り、ブランケンブルクのいうように、「日常語としての言語は、言葉の基盤となっているもの……を言葉にもたらす能力を備えていない」(S. 49, 八六頁) ことになります。それゆえにこそ、私たちには、日常語の基盤となっているものに出会い、その本質を捉えるためには、私によってすでに知られていることを当てはめるのではなく、「出会われてくる本質に対し根本的に心を開く能力」(S. 11, 二四頁) と、それらの本質に備わる微妙な「ニュアンスを感受できる多感さ」(S. 23f., 四一頁) とが求められることになるはずです。そのうえで、自分にとっての自明性を捉えるためには、私たちは自分にとって馴染みのないものとの出会いを介して、自分にとって馴染みのあるものの背後へと遡らなければならなくなります。こうした仕方で自明性に迫ることによって、それまでは自分にとって当たり前であったことへと沈潜し、深さの次元をより深め、より豊かな感受性でもって、人間的なことに驚きを伴って、敏感になることができるようになるのではないでしょうか。そして、こうした敏感さによって、今度は、自分とは異なる自明性を備えている他者の言葉や振舞いを驚きをもって感受するという、いわゆる好循環が可能になるのではないでしょうか。

確かに、自分の意思によって、こうした敏感さを身につけることは、それほど容易ではないはずです。というのも、それまではことさら意識されることのなかった自明性に驚くことは、自分にとっての自明性が実は自明ではなく、自分がそれまでは気づくことのなかった基盤が、実は非常に脆《もろ》いものでしかなかった、ということを自覚することにつながるはずだからです。そしてまさにアンネは、こうした自明性が自分には欠けていたことを自覚したからこそ、不安になり、自分の存在を支えられなくなり、結果として、精神の病を蒙ることになったのでしょう。しかし、私たちもこうした自明性に支えられている以上、ブランケンブルクのいうように、「健康な者が、何か普通でないことをしたり、あるいは、何か自明なことを怠る時には、自分自身に関して経験することになる、或る抵抗」(S. 73, 一二三頁)が生じるはずです。そして、こうした抵抗は、「アンネとは異なる人間の場合でも、自然な態度から歩み出ようと試みるやいなや、多かれ少なかれ、強力に姿を現わしてくる」(S. 72, 一二二頁)ことになります。そうである以上、私たちの日常生活や研究活動で、それまでは当たり前のこととして行なっていたことに何らかの抵抗を感じた時にこそ、自分にとっての自明性が何であったのかに気づく機会が与えられる、といえるのかもしれません。ですから、神谷も、「ほんとうに生きている、という感じをもつためには、生の流れはあまりになめらかであるよりはそこに多少の抵抗感が必要」(神谷、一二二頁)である、というのでしょう。

では、アンネによって「感じるだけでしかない」といわれている感じとは、いったいどのような感情なのでしょうか。

アンネ自身は、例えば次のように言葉を紡ぎだしています。「感じ方の自明性」、「何か欠けているのですが、でもそれを名指しできません」、「私にはいつもまだ何かが欠けているような感情なのです」、「立場が保てないみたいで、個人的に落ち着けないんです」、「健康な人のような感じ方で、納得して切を付けたいんです」、「言葉の意味を捉えるための感情がぽかっと抜け落ちているのです」、「言葉の意味を捉えようとすると、まず痛くなるのです」、「感情がないので、なんとかして裏に回って考えようとするんです」(S. 42-S. 45, 七四—八二頁) 等々、と。そして、アンネのこうした言葉は、実は感情とは、自明性と深く関わっており、言葉を使用することも含めた私たちの日常生活を安定したものにしたり、不安を抱かせたりしながらも、それ自体としては非常に捉えにくいものであることを、見事に語りだしているのではないでしょうか。

そこで、次に、感情について探ってみたいと思います。

3 感情の層についてシェーラーから学ぶ

やはり現象学者であるヘルマン・シュミッツは、第三者によっては捉えられることのない、そのつどの私が私自身であることを実感させてくれるのは、感情や気分や衝動といった「情感に(affektiv)襲われていること」によってである(Schmitz, 1981, S. 92)、と述べています。というのも、例えば思考や認識に関しては、或る程度の前提と理論的操作を共有すれば、誰とでも共通の経験をすることができるのとは異なり、感情や気分といった情感に襲われていることは、他者と共有することが、それほど簡単ではないからです。忘我状態［＝エクスタシー］で集団に取り込まれていたり、あるいは、他者に完全に共感してしまった時を除けば、感情や気分といった情感は、たとえ言葉の上では共有できているようにみえても、それぞれがその言葉で名指している在り方やそれぞれが感じていることは、異なっていることの方が普通なはずです。

そして、異なっていること自体が、個々の人間に固有な在り方を、すなわち他者とは取り替えられることのない自分を自分自身に感じさせてくれることになります。「他者の気持ちを大事にする」といった日常語が、他者の認識や思考や意思を大事にする時ではなく、むしろ、他者のそのつどの感情や気分を大事にする場合に使われることが多いことからも、このことがいえると思います。こうしたことから、シュミッツは、情感に襲われていることが、他の人間とは取り替えられることのない私に固有の「主観性のニュアンス」となっている（ebd.）、といいます。

確かに、どのような心の在り方を或る感情や気分と呼ぶかは、人によって異なり、例えば、或る人にとっては深い悲しみとして捉えられる状態が、他の人からすると、深い悲しみとは呼べないようなものとみなされる、といったことはしばしば生じます。言葉が一般性を備えている以上、その言葉に含まれている意味や、その言葉によって名指されていることが、それぞれの人にとって異なってしまうのは当然です。そして、その言葉が、特に感情や気分といった、そのつどの私を実感させてくれる時には、特にそういえるはずです。ですから、神谷も、「ひとは自分の心の世界を超えるものについては、自分の世界での概念を使って説明や理解をこころみることしかできないので、そこからたくさんの心のくいちがいがおこる」（神谷、六四頁）、というのでしょう。

そこで、こうした事態がなぜ生じるかを明らかにするため、感情の層について記述しているマックス・シェーラーに基づいて、感情における深さの次元について探ってみたいと思います。

シェーラー自身が挙げている例を使えば、私たちは、「不機嫌なまま一杯の上質のワインを飲み、そのワインの香りを深く味わえる」（S. 342f., 二六八頁）わけです。[3] この時には、不機嫌な感情と香りを味わっている感情とが入れ替わり立ち代わり感じられているのではなく、二つの感情を同時に生きている、ということが生じています。あるいは、不機嫌であるため、いつもは深く味わえるはずの香りが苦々しくしか味わえない、といったことも生じるでしょう。こうしたことからすると、不機嫌さは、ワインの香りを深く味わったり、苦々しく味わうことよりも、より深い感情であることがわかります。

また、例えば苦しみの感情を苦痛と感じる人もいれば、信仰上、どこか心地よく感じる人もいるでしょう。このことからも、或る感情と同時に感じられる感情は、必ずしも特定の感情ではないことがわかります。しかし他方では、例えば、喜ぶと同時に悲しむことはできないように、或る感情は、他の或る感情と共存できません。

このように、同じ意識の中で同時に複数の感情が生じたり、或る感情は他の感情と同時に生じない、といったことから、シェーラーは、感情の中身の違いとは別に、感情の層に応じた、深さの次元があることを描き出しています。

その層を、浅い層からより深い層へと向かって、簡単に紹介すると、次のようになります。

（1）例えば、身体的苦痛とか味覚に伴う味わいとか肉欲等の感覚的感情は、身体の或る部分に局限された「状態として与えられており、機能や作用として与えられているのでは決してない」ため、以下の感情とは異なっている（S. 345, 二七一頁）、とされます。

（2）例えば、身体的な「快と不快」や「疲労感と爽快感《そうかい》」といった身体的感情ないしは生命感情は、（1）の感覚的感情と同様、身体を介して与えられるにもかかわらず、「身体内に特定の伸び拡がりと場所を占めていません」（S. 351, 二七九頁）。また、この感情においては、私が或る感情そのもので在るのではなく、あくまでも身体と一体となった私を、例えば快く、あるいは不快に感じていることになります。

（3）悲しみや苦しみや喜びといった心的感情は、（2）の生命感情とは異なり、対象としての私を感じるのではなく、私自身がしかじかの感情で在る、という仕方で、或る心的感情が私自身となっています（vgl. S. 355, 二八四頁参照）。

（4）至福と絶望や晴れやかさとか、心の平安等の精神的感情は、「絶対的感情」として、精神の源泉から「湧き上がってきて」、自分自身の「内面的世界と外の世界のすべてに、その感情の光と闇を降り注ぐ」(S. 356, 二八五頁)、とされます。ですから、精神的感情は、自分自身についての感情として捉えられるというよりも、自分自身の感情的在り方として、「絶対的な私たち自身そのものとして与えられている」ことになり、それ自体が「自己感情」であることになります(S. 356, 二八六頁)。

ところで、シェーラーは、これら四つの感情のすべてに共通のこととして、自分自身へと関係づけられて生きられている、ということを挙げています。ですから、「もともと自我の下にあり、自我に関わって存在している」(S. 344f, 二七〇頁)ことが、感情に囚《とら》われている生の営みをその他の生の営みから区別していることになります。しかも、(1)から(4)へと感情の層が深まるにつれ、感情は、それだけより一層、「個々人の意識内実のそのつどのすべての配置にあまりにもぴったりと密着している」(S. 349, 二七六頁)ようになるため、意志によっては、より一層自由に処理されにくくなります。特に精神的感情は、思考力や論理的操作をつかさどる「悟性に対して完全に閉ざされている」(S. 262, 一六一頁)ことになります。

シェーラーによる以上の記述から、少なくとも二つのことが導かれます。まず第一に、シュミッツも記述していたように、そして、シェーラーによって、私自身へと関係づけられて生きられている、とみなされていることからも明らかなように、例えば自分の中で起こっていたことを後から振り返る反省や自分の精神状態を当人に観察させる内観といった、認識によって自分自身を自分で捉える場合とは異なり、感情は、そのつどの私の在り方そのものとして、私自身に感じられており、他の誰とも取り替えがたい私を私自身に知らせてくれる、ということです。ですから、日常語で「情感が豊か」とか、「感情が濃やか」とか、「感受性が繊細」と呼ばれていることは、自分自身の感情やその変化に敏感なこと、あるいはそうした感情を慈《いつく》しむことができる、ということなのでしょう。特に、精神的感情は、その光と闇を自分の内面的世界と外の世界へと降り注いでくれるため、精神的感情に敏感になることは、自分だけではなく、外界の出来事にも敏感になることを意味しています。例えば、至福においては、私の内面的世界だけではなく外の世界も光り輝いた晴れやかな状態になります。逆に、絶望においては、自分の内面的世界が暗澹《あんたん》たるものとなるだけではなく、外の世界にもまさに暗雲が漂うことになります。ですから、精神的感情には、こうした光と闇といういわば相反する二面的な在り方が備わっており、このことによって、精神と世界とが深い次元において大きく変化しうることになり、この変化そのものを感じることは、まさに感受性を豊かに育むことになるはずです。

さらに第二に導かれることは、感情の層が深められるに従い、認識や思考による影響をより一層受けつけなくなる、ということです。ですから、より深い層に位置する感情は、日常的にも、私の意志に逆らって、私自身を苦しめたり、絶望に陥れたり、あるいは、私の意志によっては生み出されることのない、晴れやかさや心の平安を私にもたらしてくれるのでしょう。そして、こうした時にこそ、例えば、「神様に感謝する」とか、「自然に感謝する」とか、「日々の平穏な生活に感謝する」といった言葉が、それこそ自然にでてくるのでしょう。「苦しんだことのあるひとの心には深みがある」（神谷、一四〇頁）、という神谷の言葉の真意［＝深意］もこうしたことにあるように思われてなりません。

しかし、生の深さと豊かさの次元は、シェーラーが豊かに記述している感情の層においてのみいえることなのでしょうか。ディルタイのいうように、人間の生が、究め尽しえない以上、どのような生の営みにおいても、深さと豊かさの次元があるのではないでしょうか。

そこで、次章では、実存主義の小説家であると同時に実存哲学者でもあるサルトルの思索を頼りに、私たちの意識の微妙な在り方を探っていきたいと思います。

注

（1）本節に限り、神谷美恵子『生きがいについて』からの引用は、頁数のみで引用箇所を指示することにします。

（2）本節に限り、ブランケンブルク『自明性の喪失』からの引用は、原著と邦訳書の頁数を併記することにより、引用箇所を指示することにします。

（3）本節に限り、シェーラー『倫理学における形式主義と実質的価値倫理学』からの引用は、原著と邦訳書の頁数を併記することにより、引用箇所を指示することにします。

第2章　意識の微妙な在り方について
サルトルから学ぶ

第1章第1節では、認識には、「対象にむかって切りこもうとするあらあらしさ」や「征服とか攻撃などの能動的態勢」が認められる、としている神谷を手がかりとして、本書の課題を設定しました。神谷のこれらの言葉から導かれることですが、認識や思考は、それらによって捉えられるものを対象として、いわば自分の向こう側に立てる、ということをします。しかも、第1章第2節の冒頭でディルタイと共に探ったように、私たちの生は、単なる物とは異なり、認識される以前に、自分にとって確かなものとなっているわけではありません。例えば、自分自身を捉えようとすると、捉えられる自分が自分にとって好ましい在り方であって欲しい、といった気持ちになることが多いはずです。あるいは逆に、自分にとって好ましい在り方でなさそうなら、そうした自分を自分自身にも隠しておきたい、といった気持ちになることもあるでしょう。そして、多くの優れた小説では、意識のこうした微妙な在り方が見事に描かれています。ですから、そうした小説に描かれている人間の生き方に、リアリティーをもって感動することは、感受性を豊かにすることをかなり可能にしてくれるはずです。そして、多くの小説や戯曲のなかで、人間の意識の微妙な在り方を記述している、実存主義の小説家でもあるジャン‐ポール・サルトルは、彼の哲学書においても、人間が自分自身の意識を捉えることによって、当の人間の在り方が微妙に変化してしまうことを、見事に描いています。

そこで、本章では、サルトルの代表的な哲学書である『存在と無』に描かれている意識の在り方を手がかりとして、自分自身を捉えることによる意識の微妙な変化や、そうした変化に伴う人間の苦悩といったことに迫ることにより、意識の微妙な在り方に敏感になることを、感受性の観点から探ってみたいと思います。

1 意識を捉えること

一 意識を捉えることによる微妙な変化

意識が自分の意識を捉えようとすると、捉えられる意識が微妙に変化してしまうのは、捉えられた意識がそれを捉える意識と切り離されてしまうからです。このことは、自分の感情を意識する時に、典型的に自覚されることです。例えば、怒りのさなかにある時の自分の怒りを振り返ると、それまでの怒りは幾分かの変化を受けるはずです。ですから、第1章第1節で引用した（本書一一頁）、苦悩についての神谷のような捉え方が可能となるのでしょう。

しかし、他方では、怒っていた時の自分と、その怒りを捉えている自分とは、同じ自分であることも確かです。サルトルは、こうした事態を、「触れることのできない或る裂け目（une fissure impalpable）が［意識の］存在の中に滑り込んで（glissé）いる」（p. 120, I 二一六頁）、と表現しています[1]。怒っていた時の自分を自分自身で捉えようとすると、捉えられることによって怒りが幾分か和《やわ》らげられるのは、それまでは連続していた意識の流れにほんのわずかな裂け目が生じ、それ以前の怒りの意識が、それを捉える意識から切り離されるからです。しかし、この裂け目は、裂け目として明確に知ることができないほどわずかなものであるため、怒っていた私と怒りを捉えている私との間に微妙な違いを生み出すことになります。このことを筆者なりの言葉で言い換えれば、自分の怒りを捉えることにより滑り込んでくる裂け目によって、意識はいわば襞《ひだ》を刻み込まれ、それまでは怒りだけでしかなかった私の意識の流れに何らかの微妙な淀《よど》みが生じることになる、ということになるでしょう。そして、こうした微妙な差異に気づくことが、これから探ることになる、感受性にとって大きな役割をはたしていることになります。

それどころか、最近特に社会問題となっている、いわゆる「突然キレる」とか「頭の中が真っ白になった」、といった言い方で語られる時の子どもの意識においても、サルトルの言葉を使えば、そうなる以前の意識との間に大きな裂け目が生じたのでしょう。あるいは、自分の場合であれ、他人の場合であれ、「なんであんなことをしたのだろうか」、といった想いを抱くに到った時の意識の在り方も、やはり意識の連続性が裂け目によって切断されるためなのでしょう。ですから、サルトルの指摘しているような裂け目が意識の中に滑り込んでしまうことが、認識や思考によっては説明のつかない行動をしてしまう人間の弱さになっていると同時に、襞を刻み込まれることによる、意識の微妙な在り方を生み出すことになるわけです。

或る感情状態に在る自分や、すでに犯してしまった取り返しのつかない自分の行動を捉える場合だけではなく、自分の性格を捉える場合にも、同じことがいえます。サルトルの例を使えば、「私は美しくない」という仕方で私自身を意識する場合にも、私は、「美しくない」ことを私の容姿として認識するだけにとどまりません。こうした時には、例えば、「或る風景を美しくないもの」として捉える時とは異なることが生じているはずです。つまり、「私は美しくない」という仕方で自分を否定的に捉えることは、「私の憂鬱《ゆううつ》や……世間的な私の不成功」についての私の想いに直接「影響を及ぼしてくる」（p. 223, Ⅰ四二四頁）という仕方で、私自身に迫ってきます。そして、こうした意識に陥っている時の、やるせなさや憤り等々こそが、「美しい」という容姿を私が単に欠いていることを認識することによっては捉えられることのない、自己否定によって揺り動かされている私の在り方のはずです。そして、それまでは感じることのなかった憂鬱な感情によって私の意識は、いわば影を帯びることになります。

以上で述べたように、自分の意識を捉えることによって意識に微妙な変化が生じてしまうのは、捉えられた意識が対象となってしまうからです。ですから、たとえそれが自分の意識の営みであっても、その意識を認識対象とすることは、認識された自分を自分自身と切り離すことを、いわば他人事にすることを意味します。例えば、自分がどのような人間であるのかを認識する時だけではなく、自分がたった今何をしていたのかを認識する時でさえ、それをしていた時の自分について想い を巡《めぐ》らすことにしかならないはずです。何らかの行為をしている時には、「私たちはそのつどの瞬間ごとに、世界のうちに投げ込まれて（lancé）おり、拘束されて（engagé）います」（p. 75, Ⅰ一三四頁）。そのため、行動中の私は自分自身を省みることがないままに、先に触れたように、自分でも後から説明できない行動をとってしまいます。他方、何らかの行動をしていた時の私を捉えようとすると、私の意識は、自分が拘束されていた世界から切り離されてしまい、いわゆる冷静に、すなわち認識するという仕方で、世界と私との関係を後から眺めることになってしまいます。

このことは、サルトルのいうように、「私が、［行為の］主体［である私自身］を思い浮かべると、私は当の主体ではなくなる」（p. 99, Ⅰ一七九頁）、ということを意味しています。しかも、私がそのつど投げ込まれている世界内の事物や状況さえもが、行動中とは異なった仕方で現われてくることにさえなります。いわゆる、当事者自身とその人間をいわば第三者的な眼差しで捉えている者との違いと同じような違いが、生じることになります。そして、このことは、私の行為だけではなく、私自身を、私にとって幾分かは他人事にしてしまう、ということを意味することになります。しかしそうであるからこそ、神谷がいうように、「苦しむときには、その苦しむ自分を眺めてみることもできる」(神谷、一四一頁)ために、苦しみが幾分かは和らげられる、といったことも生じるのでしょう。

二 人間研究にとっての『存在と無』の意義

以上のことから、サルトルは、認識により人間を捉えることの不十分さを強調します。また、従来の理論的研究が、認識や思考に導かれており、その結果、そのつどの個々の具体的状況から切り離された人間についての研究でしかないことから、いわゆる理論に従った人間研究の方向を逆転すべきである、とサルトルはいいます。つまり、理論という「抽象的なものが……具体的なものに先立っており、具体的なものは、抽象的な諸性質によって編成されたもの(organisation)でしかない」(p. 644, Ⅲ二八四頁)、とみなすような従来の研究方法を否定します。そのうえで、人間研究には、「個別的なものを理解することが、そして、しばしば瞬間的なものさえをも理解すること」が求められる(p. 661, Ⅲ三二四頁)、と主張します。ですから、事例研究で、或る個別的で具体的な人間が何らかの在り方をしている時のその瞬間の意識を、例えば、授業中の或る子どもの発言の瞬間におけるその子どもの意識を解明することは、サルトルの求めている人間研究に値する、ということになるはずです。

サルトルのこうした研究観は、「具体的な現実が、……理論的研究の成果を、柔軟にしたり豊かにしてくれる」(p. 531, Ⅲ六〇頁)、という考えに支えられています。事実、サルトルは、『存在と無』の到る所で、特定の状況における人間の具体的な在り方を記述することによって、人間の在り方を深め、豊かなものにしようと試みています。サルトルは、こうした「具体的なものとは、……世界の中の人間 (l'homme dans le monde)」(p. 38, Ⅰ六二頁) のことである、とします。そして、「個々人は、そのつどの自分が具体的に存在していることの承認を求めているのであり、…… [学問や研究によって] 客観的に説明されることを求めているのではない」(p. 295, Ⅱ五〇頁)、とします。つまり、個々の人間は、自分が投げ込まれている世界内で具体的に存在する際に、何らかの客観的な説明を求めているのではなく、自分の存在が肯《うべな》われることが必要である、ということを導き出します。

確かに、私たちは、自分の行なうべきことを客観的に説明できるようになることを気にかけることもあるでしょう。しかし、いわゆる自分の存在感が希薄になった時に実感できるように、そもそも私たちは、自分が生きていることを肯定的に捉えられなければ、安心して日々の生活に身を委ねることができないはずです。このことは、養育や教育においては、特に、子どもがいわゆる好ましくない振舞いをしたり、世間からは認められない行動をしてしまった時に、その子ども自身の存在をまずはそのまま受け入れることが求められていることからも、明らかなことです。あるいは、すでに仕事ができなくなっただけではなく、生きていくためには全面的に家族の介護を必要とせざるをえない高齢者も、「ただ生きてさえいてくれれば、それだけでいい」、といった家族の言葉や想いによって、そのかけがえのない存在が肯われて初めて、生きていくことができることからも、明らかです。ですから、自分の存在への肯いを求める個々の人間の在り方を明らかにすることこそが、人間研究に求められているのであり、客観的説明をするだけの人間研究は、いわば研究のための研究でしかなく、現実的な個々の人間の在り方に迫ることができなくなってしまうはずです。

サルトルは、『存在と無』の中で、人間そのものや人間的な事柄について思索を深めるためには、人間の意識の在り方を捉えなければならないとし、本書の課題にとっても非常に示唆に富む記述をしています。ですから、『存在と無』での、意識の在り方についてのサルトルの記述は、従来の多くの教育学や心理学によっては十分に考慮されてこなかった、儚《はかな》さ、辛さ、豊かさ、深さといった、微妙な心の在り方について探る際に貴重な導きとなるであろう、二義的であるために微妙な私たちの意識の在り方を見事に記述しています。

こうした読み解きをすると、一見すると、また通常はそうみなされているような、シニカルでネガティヴな人間観に溢《あふ》れているように読めてしまう『存在と無』でのサルトルの記述は、「自分の存在に苦悩する」、「不幸な」「現実的人間（réalité-humaine）」（p. 134, I 二四四頁）の在り方を、その人間の苦悩や不幸に即して感受性をもって捉える際に、特に重要な視座を与えてくれます。

そのつど投げ込まれている状況から切り離されることなく、自分がおかれている状況にしっかりと根づいているからこそ、私たちは、具体的で現実的に存在することができるわけです。しかし、いわゆる「引きこもり」や「出社拒否」や仕事からのリタイアー等によって、あるいは不治の病に侵《おか》されたり、老衰等によって、それまでの生活の場から切り離されると、私たちは自分自身に向き合わざるをえなくなります。それどころか、サルトルによると、そもそも私たちの意識は、事物と同様の実体として存在できないため、自分の存在に苦悩せざるをえない、とされます。目覚めている限り、たとえ何もしないでぼんやりとただそこに居るだけでも、意識が働いている限り、自分の存在を意識し続けるという仕方で、私たちは、絶えず「自分を存在させなければなりません」（p. 516, Ⅲ三一頁以下）。ですから、私たちは、何もしないでぼんやりとしていることを続けている限り、自分を存在させることが辛くなるため、何かをすることによって、時には、夢中になって何かに打ち込むことによって、自分の存在を実感したくなるのでしょう。

こうしたことから、私たちの日常的な意識の在り方は、自分の存在を実感するという仕方で自分の存在感を取り戻すことと、日々の生活に気を紛《まぎ》らわせることとにより、自分の存在を感じ続けなければならない辛さから逃れることとして、サルトルによって特徴づけられることになります。そこで、こうした意識の在り方に関するサルトルの言葉を頼りに、人間の意識の微妙な在り方とその微妙さに対する感受性とについて探っていきたいと思います。

2 意識の二重性

以上で探ってきたように、意識は、自分自身を意識することによって、微妙に変化してしまう在り方をしています。ですから、意識は、認識によっては捉えられない、という深さの次元をまず備えていることになります。そして、このことは、そもそも意識はいわゆる自己完結していない、ということを意味しているはずです。

一 心理的決定論

しかし、日常的にそのつどの状況を生きている時、私たちは、多くの場合、意識のこうした微妙な在り方を問題とすることなく日々の生活を送っています。それどころか、こうした意識の在り方をあまりにも強く意識してしまうことによって不安に陥ることを、避けようとさえします。自分自身のことが自分で気になってしかたがない時、私たちは、多くの場合、仕事や作業に没頭したり、何気ない会話で自分の気を紛らわせたりすることが、こうした意識の在り方をそれとなく私たちに知らせてくれます。サルトルは、こうした時の私たちの在り方を、「行為の次元（le plan de l'acte）」(p. 75, I 一三四頁) に身をおいている、と表現しています。

確かに、行為の次元に身をおいている時にも、自分の在り方が自分自身にとって問題であるように感じられることがある、ということも事実でしょう。例えば、自分の或る行為が結果として自分自身にとって不都合を蒙らせる、といったことは日常的にもしばしば生じます。そうした時に、例えば、「あんなことをしてしまったのは、その時に～だと思ったから」、あるいは、「その時の状況が～だったから」といった仕方で、不都合をもたらした行為が当時の私の何らかの想いによって引き起こされたとみなす、といったことは、私たちがよく行なうことです。自分や他人の行為をこうした仕方で捉えることは、何らかの原因によって人間の行為や心理的な在り方が決定される、とみなすことになるため、こうした時の意識の在り方を、サルトルは、心理的決定論（déterminisme psychologique）に従った在り方、と呼んでいます。

そして、心理的決定論についてのサルトルの記述は、私たち自身にとって非常に厄介な意識の在り方を、しかし同時に、私たちが大きな不安に陥ることなく、日常生活を何気なく送れるのはなぜなのかを、明らかにしてくれます。

例えば、自分の行為が何らかの不都合をもたらし、そのことを他者から指摘された時に典型的にそうするように、いわゆる「言い訳」によって自分自身を納得させようとすることは、私たちにもよくあることです。しかし、その当の行為をした時に、サルトルがいうところの、行為の次元を生きていたならば、その時は、「～だから」、といったことを私たちは本当に考えていたわけではないはずです。

ですから、心理的決定論に従い、「～したのは、～だから」、という仕方で自分の行為を捉える時に典型的となる、何らかの動機によって或る行為が引き起こされた、といった意識の捉え方は、サルトルのいうように、「動機はそれが在ったとおりにある、と自分に信じ込ませようと試みる」ことにより、「それらの動因や動機に恒常性を授けようとする」(pp. 515-516, Ⅲ三〇頁) ことになります。その結果、私によって見出された動機は、私の意識に住みつくことになり、私の行動傾向を私自身にとって、安定したものにしてくれるわけです。つまり、行為の次元に身をおいていた時にはそうではなかった意識の在り方が、あたかもその時にそうであったかのような実感を伴って、自分にとって確かにそうであったものに変化してしまうわけです。このことは、私は、すでに行なってしまった私の行為の動機を見出すことによって、私の本質を事後的に創りあげる、ということを意味しています。例えば、「私は他人の意見に左右される傾向があるから、あの時は～さんの意見に従ってしまった」、といったような、私の行動傾向や性格を、私の本質として事後的に創りあげるわけです。

しかし、こうした本質は、サルトルによれば、「全く気休め的な虚構」(p. 80, Ⅰ一四三頁) でしかない、とされます。或る行為そのものよりも、その行為を導き出したものとして、当人自身によって語られた動機の方が、或る人間の在り方を現わしている、といった日常的な感覚が、言い訳としてのこうした動機が本来どのようなものであるのかを如実に物語っているのではないでしょうか。上述の例に即せば、実際には自分で十分に考えることなく行動しただけでしかないのに、その結果が自分にとって好ましくなかった時には、その結果を他人や状況のせいにする、といった言い訳のほうが、当人のいわゆる処世術として、その人間の生き方を恒常的に導いてくれることになるはずです。

こうしたことからか、サルトルは、行為者自身によって語られる動機に或る行為の決定因を求める「心理的決定論は、諸行為に習慣性（inertie）と〔内実を伴うことのない〕外面性（extériorité）とを備えつける」ことになり、「こうした習慣性と外面性とによって、私の行為は全く安定したものとなる」（p. 78, I 一三九頁）、といいます。その結果、心理的決定論によって与えられる習慣性と外面性は、いわゆる「弁解」をする際に大きな役割をはたしてくれることになるわけです。

しかし、こうした心理的決定論に従ってしまうのは、サルトルによれば、「〔自分から切り離されているがゆえに、あたかも〕他人として、……自分を外から捉えようと試みることによって、不安から逃れる」ためである（p. 81, I 一四五頁）、とされます。つまり、不安から逃れるために、私たちは、自分の存在を恒常的で安定したものにしようと努め続けなければならないわけです。例えば、「～したのは、あの時～と思ったから」といった弁解は、たとえ他人に認められなくても、言葉でそのように言うことによって、言っている本人がどこか安心感をえられる、といったことは日常的にもしばしば生じているはずです。そして、こうした時には、実は、「あの時～と思ったから」ということ自体が、実は問題とされるべき事態から、弁解している者を救ってくれさえします。あるいは反対に、心理的決定論によって自分の行為の原因を説明することは、弁解でしかないために、弁解することのない生き方をいわゆる「いさぎよい」在り方とみなし、言い訳することなく、常に行為の次元に留まり続けようとするのも、不安から逃れる一つの在り方なのでしょう。というのは、行為の次元に留まり続けることは、そのつど自分を振り返ることなく、状況に身を任せ続けることになるので、ことさら言い訳する必要がないからです。

したがって、前者の在り方においては、自分の過去を現在の自分にとって都合がいいような過去とすることに拘泥《こうでい》せざるをえなくなるわけです。その結果、気休め的な虚構にこだわりすぎるあまり、弁解の言葉も虚ろなものになってしまいます。また、そうした虚ろな自分に頼らざるをえないために、言葉を尽せば尽すほど、まさに影がそうであるように、自分の存在感さえもがより一層感じられなくなってしまうのでしょう。

他方、不安から逃れるためにだけではなく、弁解することからも逃れようとして、行為の次元に留まり続けるためには、それら諸行為が私にとって不都合な結果を招かないようなものでなければならなくなります。そのため、そうした人間は、将来に過度に執着しなければならないため、絶えず様々な計画を立て続け、その計画を自分なりの仕方で、すなわち、自分にとって納得できるようなやり方と自分が見通せる結果だけを目指しながら、実現しなければならなくなります。そうするためには、日常的にもよく知られているように、これからしなければならない行為を常に気にかけ続けなければならず、個々の行為よりも、これからすべき行為に執着せざるをえなくなるわけです。その結果、あたかも機械の動きがそうであるように、こうした意識の在り方は、課題をそのつど解決していくだけの単調な在り方に極めて近いものとなるのかもしれません。

二 自己欺瞞

しかしながら、心理的決定論に従って不安から逃れようと努力したとしても、意識は、そこから逃れたいと努力していることや、逃れたいことが実は何であるかについてすでに気づいているはずです。もしもそうでなければ、意識はそこから逃れたいと努力する必要がないわけです。例えば、自分にとって好ましくない結果を招いたのは、他の誰でもない自分自身であることに気づいているからこそ、私たちは、その結果を他人や状況のせいにする、といった弁解に頼らざるをえなくなるわけです。サルトルのいうように、そもそも、「私が或る局面（aspect）について考えないように気をつけるためには、私は常に当の局面を考えていなければならない」（p. 82, I 一四六頁）わけです。だからこそ、気を逸らそうとすればするほど、より一層そのことが気になるわけです。つまり。気を逸らそうと努力する時には、自分自身に対して、「一方では、隠されるべき事柄を保持し、それに狙いをつけ、他方では、それを排除し、それを覆《おお》い隠そうと試みる、という……或る二重の働き（une double activité）」（p. 92, I 一六五頁）が、時間を前後してではなく、一つの意識の中で同時に生じていることになります。そして、こうした意識の二重の働きこそが、人間を人間味豊かなものにしてくれると同時に、当の人間を深みのある人間にもしてくれるのでしょう。というのは、こうした二重の働きは、因果論的な仕方で連続的に進んでいた意識の流れの中に、いわば相反する流れを同時に引き起こすことにより、意識の在り方をより深みのあるものとしてくれるからです。

意識におけるこのような二重の働きは、思春期において特に顕著となるようです。思春期に達すると、誰でもが自分の在り方や性格等について敏感になり、自分の嫌な面が自分自身にとって気になってきます。しかし、こうした嫌な面ばかりを気にしていると、気がめいってきたり、やりきれなさに苛《さいな》まれるため、そこから目を逸らそうと試みるとしたら、自分自身が自分の嫌な面について十分に気づいていることになります。それどころか、そこから目を逸らそうとする試み自体が、自分が当の嫌な面を隠しもっていることを自分自身で認めることになってしまいます。だからこそ、意識のこうした二重性に苛まれることによって、思春期には、自分のことは自分が一番よく知っている、といったそれまでは一面的に捉えられていた自分の在り方が、自分でもよくわからなくなる、ということが生じるのでしょう。その結果、これまではそのすべてが自分に捉えられていた意識の中に、自分でも捉えがたい影や内奥の部分があることに気づかされることになります。あるいは、自分を捉えようと試みることによって、それまでは滑らかであった意識がいわば襞を刻み込まれ、自分でも捉えがたい暗部を自分自身で創り出していることに気づくことになるのでしょう。そして、意識におけるこうした影の部分や内奥や襞が、当の人間を奥行きのある豊かな人間にしてくれるのではないでしょうか。こうしたことからすれば、思春期の心の不安定さは、むしろ人間を内奥から豊かにしてくれることになります。それどころか、以上のことからすれば、思春期に限らず、そもそも「自分で自分自身の在り方がわからなくなる」という、いわゆる心の乱れや淀みさえも、人間を豊かにしてくれる、ということが窺われるようになるはずです。

意識の二重性とも呼べるこうした二重の働きに敏感になることによって、現実的で具体的な人間の意識が根本的にはどのような在り方をしているのかが、以下のような仕方で、明らかになってくるはずです。

例えば、私が目の前にあるタバコを数えている時、私は、「私を数える者として認識していない」(p. 19, I 二八頁) はずです。しかし、誰かに、今何をしているのか、と問われれば、直ちに、タバコの数を数えていた、と答えることができます。このようなことから明らかになるのは、意識が或ることに向かっている時には、そのことに向かっていること自体が、ことさら自分の意識を反省したり、自分の行為を振り返らなくても、意識にそれとなく知られている、ということです。

タバコの数を数えている時のように、まぎれもなく或る特定の何かに向かっている、という意味での定立的意識は、同時に、自分についてそれとなく気づいている意識であるということから、こうした意識の在り方を、サルトルは次のように定式化します。すなわち、意識以外のものに向かっている定立的意識は、この意識自体をことさら意識していなくても、それとなく意識されているという意味で、自分自身の意識についての「非定立的意識」である(p. 19, I二八頁)、と。[2] そして、非定立的意識について記述する際に、サルトルは、それが認識されているのではないことを明示するために、「自己(についての)意識」、と丸括弧を使って表現しています(p. 20, I三〇頁)。そのうえで、意識によって非定立的に捉えられている自分自身の意識は、認識によって対象化された意識があたかもその投影であるかのような仕方で、つまり、いわば半分透けて見えているという半透明性(translucidité)において、捉えられていることを強調します。また、こうした非定立的意識は、「その半透明性そのものゆえに、すべての知の根源にある」(p. 110, I一九九頁)、とサルトルはみなします。そうすると、従来の多くの教育学や心理学が学問の対象としてこなかったのは、まさに意識のこうした半透明性である、といえることになります。そして、私たちが日常悩まされたり、自分の意志に逆らって自分自身のことが気になって仕方がなくなるもの、あるいは、自分の考えや信念の自分にとっての確からしさ、といった非常に人間味のある在り方を支えているのも、意識のこうした半透明性である、ということが窺えるようになるはずです。[3]

以上のことからすると、例えば教師や親としての、それどころか、そもそも人間としての誠実さも、以下のように捉えなおさなければならなくなります。

そもそも誠実さが私たちに求められるのは、誠実さを求められる者がいまだ誠実ではないからです。つまり、誠実さは、「到達されるべき理想」でしかなく、或る人間にすでに備わっている、安定した

「一つの状態ではない」(p. 98, I 一七五頁) はずです。しかしだからといって、このことは、私や他者が不誠実である、ということを必ずしも意味するのではありません。むしろ、どのような人間も完全無欠で在ることができない以上、私たちは、完全な誠実さを体現できないはずです。それにもかかわらず、例えば教師が、自分の教育観や振舞いや授業に過剰に自信をもち、自分が優れた教師である、と自負すること、あるいは、教師としての自分に誠実である、と信じることは、これからの行ないによってそこに到達したいという理想を自ら放棄することになります。教師のこうした在り方は、サルトルが生真面目な精神 (l'esprit de sérieux) と呼んでいる意識の在り方の典型例でしかなく、心に襞を刻み込むのとは反対に、自分をいわば誠実の塊へと凝固させてしまうことになりかねません。その結果、本来は欠点をいくつも備えている人間でありながらも、生真面目な精神は、自分を誠実な、あるいは完璧な教師で在るとみなすことにより、実はそうではない自分を自分自身に隠し、そうした自分を忘却し、他者によってだけでなく、自分自身によっても問題視されることのない、安全な在り方へと逃避することになります。

教育実践の領域においても、自信に満ち溢れている教師がいわゆる優れた教師でないことは、経験的にもよく知られていることです。自分は完全に誠実であると、あるいは優れた教師であるとみなしている限り、いまだ十分に誠実ではない、あるいは、いまだ十分に優れた教師ではない私が、私自身に覆い隠されてしまいます。

他方、自分が誠実ではないと、あるいは優れた教師ではないとみなしている人間は、そうみなすことによって、求められるべき理想としての全面的な誠実さや理想的な優れた教師としての在り方を、目指されるべき目標の光に照らして、現在の自分に欠けている誠実さや教師としての未熟さとして実現し（réaliser）つつ実感する（réaliser）ことになるはずです。サルトルは、「現実的人間は、自分に欠けている全体へと向かって自分自身を超え出ていく」（p. 132, I 二四二頁）、と述べています。そうである限り、誠実な、あるいは、優れた教師という目指されるべき価値へと到達することが、努力目標となります。というのも、いつまでたっても完全無欠な人間にはなりえない「私は、理想的価値に到達できないであろうという漠然とした判断以前の了解をもつ」（p. 106, I 一九二頁）ことしかできないからです。

本来人間は、このように、自分に欠けているものを補おうと、自分自身を絶えず超え出ていかなければならないはずです。そうである限り、生真面目な精神が、多くの場合、いわゆる人間的な堅さや頑《かたく》なな態度や自惚れや自信過剰に通じる可能性があるのに対し、自分には欠けているものがあることを自覚している者は、自分の在り方に固執しないはずです。サルトルのいうように、そこには到達できないという了解をもつことにより、私たちは、「謙虚で慎み深く」なることができます（p. 109, I 一九七頁）。その結果、「あまり過度には要求しないように……、納得していない時にも満足するように心がけよう……不確かな真理に同意するように決意によって自分を強いよう」（p. 109, I 一九七頁）、という人間味に溢れた、いわゆる柔軟な態度が可能になるはずです。

例えば、自分を誠実な教師である、と思っている教師でさえ、ほんの時たまでしかなく、また些細なものでしかなくても、子どもたちに対してだけではなく、自分自身にとって不誠実な行為をしたり、不誠実な想いを抱いたこともあるでしょう。しかし、そうした不誠実さをも深刻に捉え、前面に押し出し、自分を「不誠実な教師である」とみなすことにより、今度は逆に、そうみなしている教師は、完全には不誠実な者ではなくなってしまいます。それどころか、そう宣言することによって、まさに自分を邪悪な者とみなす時と同様、以後の私は、いかに不誠実に振舞おうとも、例えば、どうせ私は不誠実な人間だから、というういわゆる居直りによって、それらすべての不誠実さが「私に許されている」(p. 105, I 一九一頁) ことになってしまいます。

ですから、自分が不誠実であることを宣言することによってではなく、不誠実さがどのような在り方かを正確に知っていることが、むしろ求められることになります。というのは、不誠実さがどのような在り方であるかをあらかじめ知っていることによって、行為の次元で誠実であるためにはどのような振舞いをしてはならないのか、ということに敏感になることができるからです。

それどころか、何らかのネガティヴな在り方を自分の意識から除きたいと思うならば、当の意識はそうした在り方をしており、しかもそのことを十分に知っていなければならないことになります。私たちが多くの場合、こうした曖昧で二義的な在り方をせざるをえないのも、意識は、自分自身をたとえ反省によって捉えることがなくても、意識の半透明性のために、自分をしかじかで在る、あるいはしかじかではない、と捉えることにより、しかじかで在る在り方ではなくなってしまったり、しかじかで在る在り方となってしまうからです。ですから、サルトルによって自己欺瞞《ぎまん》（mauvaise foi）と呼ばれているこうした在り方は、その言葉から一見するとそうみなされてしまうような、いわゆるシニカルな意識の在り方では決してないことが明らかになります。むしろ、「自己欺瞞は、非常に多くの人格にとって、生の通常の姿でさえありうる」（p. 88, I 一五八頁）はずです。

こうした自己欺瞞が私たちの通常の在り方であることから典型的に明らかとなるように、私たちの意識は、或る在り方で在り続けることができません。サルトルはこのことを、一見すると矛盾しているようにみえながらも、実に見事な言葉で、『存在と無』の到るところで、次のように定式化しています。すなわち、私たちの意識は、「それが在らぬところのものであり、それが在るところのものであらぬ」、と。

確かに、例えば、自分が犯した過失を他人に対してだけではなく、自分自身に対しても素直に認めることが、取り消すことのできない過失を犯してしまった者にとって唯一残された誠実な在り方である、とみなされることが多いようです。サルトルのいうように、過失を犯した者にとっては、自分の過去を忘れることなくそれを認め続けることが、「個々の非を洗い流し、未決の未来を自分に与え、自分を新たに生まれ変わらせてくれる」（p. 104, I 一八八頁）、というのも事実でしょう。また、特に教育実践場面において典型的となるように、自分の過失を自ら認めた者に対し、その者が抱くであろうこうした想いを肯うことも、その者に対し教育的に関わる者に求められるべきです。そして、まさにこうした人間の在り方や他の人間に対する在り方から明らかになるのが、自己欺瞞という私たちのごく一般的な在り方であり、「それが在らぬところのものであり、それが在るところのものであらぬ」、という人間本来の在り方なはずです。そして、自分自身のこうした自己欺瞞の在り方に敏感になることが、例えば誠実であれ、不誠実であれ、自分がそうした在り方をしていることに固執したり、その在り方を公言して憚《はばか》らないところの、生真面目であると同時に、固執的な在り方に陥ることを防いでくれているはずです。

すると、ここにおいても、教師に求められるのは、滑らかで皺《しわ》も襞もない意識の在り方ではないことになります。むしろ、誠実さと不誠実さのどちらとも決められず、しかも二義的な在り方によって相反する流れを同時に引き起こすような、それゆえ錯綜しているために深い溝を刻み込まれた意識の在り方が、親や教師をより豊かにしてくれると同時に、こうした在り方をしている子どもたちへの親や教師の感受性を豊かに育んでくれることになるはずです。

三　苦　悩

しかしだからといって、人間の意識のこうした二重で微妙な在り方は、以上のことからそうみなされてしまうような、他者との直接的な関わり合いにおいてのみ、すなわち他者に対する私の在り方においてのみ、いえることではありません。例えば、教師が子どもに対して完全に誠実で在ることができないのは、そもそも人間が、例えば誠実で在りたいという仕方で、自分に欠けている完全な誠実さへと向かって、そのつどの自分の在り方を絶えず超え出なければならないからです。それゆえ、誠実さに関して自己欺瞞的で在ることは、教師として否定されるべきネガティヴな在り方ではなく、十分には誠実ではないことに悩むことなのです。そして、まさにここにおいて、人間の意識のいわゆる深さや厚みや影や襞といったものがいかなるものであるのかが、明らかとなります。

意識の二重の在り方が、他者と関係している時だけの在り方でないことは、例えば悲しみや苦しみのように、自分一人で自分の在り方に向き合っている時の意識の在り方から、典型的に明らかとなります

人間は、常にそれで在らぬところの自分自身へと、すなわち「自分が欠いているものへと向かっての自分自身の追い越し (dépassement)」(p. 132, I二四二頁) により、自分と一致しようとします。しかし、自分と完全には一致できない以上、理想とされる自分とは「絶えず薄れて行く (évanescent) 関係としてしか存在することができない」(p. 133, I二四四頁) ことになります。理想的な在り方へと達しようとたとえどれほど努力しても、自分とのそうした理想的な関係が儚いものである以上、人間は満たされない想いに常に駆られるしかなくなります。こうしたことから、サルトルは、「現実的人間は、

その存在において苦悩する（souffrant）」（p. 134, I二四四頁）しかない、といいます。

それどころか、或る状況において、人間に本来的に付き纏《まと》うこうした苦悩が実現されて実感される時でさえ、意識の二重性により、その苦悩は微妙な仕方で私から逃れてしまいます。他方、「肖像画の上に、彫刻像の顔の上に、悲劇の仮面の上に……私たちが読み取る苦悩（souffrance）」は、欠如を含むことのない「緻密で（compact）」で「濃密な（dense）」ものであり、苦悩そのものとして「凝結されて（solidifié）」（p. 135, I二四七頁）います。他方、私の苦悩は、意識の半透明性によって私自身に捉えられることにより、私によって乱されているため、完全な苦悩ではありえません。確かに、他でもない私自身が苦しんでいるのですから、苦悩している私は、苦悩の只中に在るはずです。しかし、奇妙なことですが、苦悩していることを自ら知っているからこそ、私は、意図的に気を逸らしたり、仕事に集中すること等によって、その苦悩から一時的に身を退くことさえできるわけです。私の苦悩は、肖像画等の上に私が読み取ることができる苦悩とは異なり、まさに私が苦悩を実現しつつ実感している限りにおいてしか存在しえない以上、苦悩するためには、苦悩を実感しつつ、私は苦悩を実現し続けなければならない、という苦悩の微妙な在り方が明らかとなります。確かに、それが私を苦しめ苛むがゆえに、そしてそこから逃れたいにもかかわらず、逃れられないからこそ、私は苦悩するのであり、誰でもがそうであるように、私も、本来、苦悩したくないはずです。それにもかかわらず、一見すると非常に奇妙なことですが、苦悩できるためには、私は自分に苦悩をあてがわなければならなくなります。サルトルが述べているように、苦悩し続けることができるためには、「私の自由な自発性において、私が私の苦悩を現に存在すること（existence）へと昇華させ（élever）なければならない」（p. 135, Ⅰ二四八頁）のです。

しかも、例えば、私が何をどのように苦悩しているのかを、あるいは、その苦悩がどれほど耐えられないものかを自覚すればするほど、それどころか、自分が苦悩している者で在ることを実感することによってさえ、私は、私自身の苦悩を自分で自分に語っている者となっています。サルトルも述べているように、自分の苦悩について饒舌《じょうぜつ》な人よりも、苦悩に苛まれて、「何も語ることなく額を下げて顔を覆っている、打ちしおれた人間の……沈黙」（p. 136, Ⅰ二四九頁）において、より一層、人間の苦悩を感じることができるのも、こうした理由からでしょう。それゆえ、私は、耐えられないために、苦悩を欲しないにもかかわらず、苦悩を実感しつつ実現し続けるために、この苦悩を自分から「欲することによって（en voulant）」、この耐え難い苦悩を、私自身の苦悩として「欲しないという仕方で（en ne voulant pas）」苦悩する「痛ましさ（douleur）」（p. 136, Ⅰ二四九頁）こそが、苦悩する人間の在り方なのでしょう。それゆえ、私の苦悩は、「十分な苦悩ではないということ（についての）意識としてしか、苦悩で在りえない」（p. 136, Ⅰ二四九頁）ことになります。

肖像画等の上に読み取れる苦悩とは異なり、私の苦悩が完全な苦悩ではありえず、不十分な苦悩でしかないことに苦悩するしかないため、サルトル自身は、「意識の半透明性は、私の苦悩からあらゆる深遠さ（profondeur）を奪う」(p. 135, I 二四八頁)、といいます。確かに、こうした苦悩には、サルトルのいうように、「不動で無言な苦悩」(p. 136, I 二四九頁）に比べ、何かが欠けていることは確かでしょう。しかし他方で、思春期に達する以前の、意識の半透明性ゆえに自分自身について意識することによる意識そのものの変化をいまだ体験することのない子どもの意識は、いわゆるどこまでも透明な意識であるために、その純粋さと脆《もろ》さを備えているわけです。ところが、思春期に達した者はもはやこうした純粋さと脆さを失っている以上、例えば、酩酊や或る種のエクスタシー［＝忘我］においてしか、或る感情状態を十分に生きることができなくなっています。そして、こうした時の在り方が子どもの意識の透明さと比べれば、いわば混濁した朦朧《もうろう》としたものであることから窺われるのは、十分に苦悩を生きることができない意識の在り方の方が、理想的な苦悩に到っていないために、むしろ凝結されることのない深遠さを備えているのではないか、ということです。十分に苦悩しているのではないこと（についての）非定立的意識を備えた意識の痛ましさの方が、サルトルが述べているのとは異なり、人間がその存在において苦悩する者である時の、その苦悩の深さをむしろ際立たせているのではないでしょうか。

神谷のいうように、「もう生きて行きたくないと思うような悲歎のどん底にあっても、なお自分の肉体が食物を欲することを悲しむ」（神谷、九〇頁）人間の悲しみが、生きていたくないという想いに逆らって、肉体を維持するための食欲を感じているためにより深い悲しみとなるのも、同じ理由からではないでしょうか。つまり、十分な悲しみを生きられないことによる苦悩の方が、悲しみや苦悩をそのまま生きることよりも、その不十分さの自覚ゆえに、より層化され、完全な苦悩の中により深い悲しみを襞として刻み込まれ、それゆえ、さらなる新たな悲しみや苦悩をも背負わなければならないほどの痛ましさを蒙っているのではないでしょうか。

あるいは、他人の沈黙においてその人間の苦悩を自分自身の苦悩よりもより一層強く感じられるならば、他人の苦悩を十分に感じられる人間こそが、他人の苦悩と比べ自分の苦悩が欠如を備えた不十分な苦悩でしかないことにも苦悩できるのではないでしょうか。不幸に見舞われ苦悩する人間は、自分は十分に苦悩していないことに苦しむことができるため、むしろ、「他人の顔の上に」、「私たちが『美しい』とか『見事な』とか『真の』苦悩と呼んでおり、私たちの感情を搔《か》き立てる（émouvoir）苦悩」（p. 135, Ⅰ二四六―二四七頁）を読み取ることができるのだと思います。

四　未来としての可能性と感受性

サルトルに即しながら探ってきたように、そもそも、「現実的人間は、決して与えられることのない自分との一致へと向かっての絶えざる追い越しである」（p. 133, Ⅰ二四二頁）以上、自分自身との一致へと向かうことこそが、自分にとっての未来を開いてくれることになるはずです。つまり、自分には欠如が備わっており、この欠如を未来において満たそうとすることが、私の可能性となります。自分の欠如を充実することが可能であることによって、初めて、未来という時間が私に開かれてくることになります。

誠実さや悲しみや苦悩が典型的にそうであるように、完全な人間として自分を捉えることなく、自分の欠如を常に自覚し、この欠如を満たそうと未来へ向かって自分を越え続けている人間こそが、いわゆる欠如感において自分に欠けていることを感じることができることになります。そうであるからこそ、サルトルのいうように、自分自身の欠如に対し、「甘受された（souffert）、あるいは耐え忍ばれた（enduré）」「根源的な関係が、一般に、感受性（affectivité）の根拠である」ことになります（p. 249, I四七四頁）。そして、このことから、完全な人間ではありえないことが、よりポジティヴで、人間の有意義な在り方である、ということが導かれます。

サルトルの述べている感受性が、自分の欠如を甘受したり、欠如が耐え忍ばれていることを根拠にしている限り、こうした感受性は、或る人間の性格や他者関係における敏感さといった、何らかの人間的特性ではないことになります。むしろ、こうした感受性は、サルトルのいうように、「誰かに向けられることも、主題化されることもなく」、個々の人間によって「満たされるべき空虚」として、しかも、「或る直接的で個人的な緊迫さによって、反省されることなく」「生きられる（être vécu）」しかないはずです（p. 250, I四七六頁）。それゆえ、こうした感受性は、自分の欠如が満たされると、むしろ失われてしまい、そのつどの私だけに固有な緊迫した事態の只中でしか、例えば、何をしても解決できそうもない困難な状況における、張り詰めた緊張感と研《と》ぎ澄まされた感覚とを伴った在り方においてのみ、可能となるものでしかないのでしょう。

例えば、神谷が紹介している或るハンセン氏病者の次の詩は、こうした感受性に支えられて初めて、自分と自分の世界とについての豊かな感覚から紡《つむ》ぎだされたのでしょう。

人の世をはなれて人の世を知り
骨肉をはなれて愛を信じ
明を失っては、内にひらく青山白雲もみた。
癩は天啓でもあった。（明石海人作、神谷、一五五頁）

他方、心理的決定論に従い、自分の行為の動機を見出すことによって、自分の行為に習慣性と外面性とを与え、自分の行為を説明したり、弁解的な態度をとったり、あるいはまた、本来は自分に備わっている欠如を認めることのない者は、悲しみや苦悩や誠実さといったそのつどの自分の意識の在り方を十分な在り方とみなすことによって、欠如を満たそうと絶えず努力する必要がなくなってしまいます。自分の行為をいわば他人事とみなしているこうした意識は、何らかの不都合を招いた時にも、欠如を備えた自分の在り方にではなく、動機や状況に責任を転嫁することになります。日常的にも、自分が何らかの不都合を生み出した時になされる、例えば、「だって〜だと思ったから」という弁解は、その言葉からすれば、「〜だと思った」のは当人であることを示しているために、そう思った当人が不都合を生みだしたことを表明しているようにみえます。しかし多くの場合、この言葉からは、そう思ってしまった自分の非を認めない意識の在り方が、むしろ前面に押し出されることになるのではないでしょうか。

あるいは逆に、自分の犯した罪に対して「耐えがたい罪悪感」にとらわれている者は、その人間の「全体が、この罪悪感との関係によって決定される」ことになります（p. 103, I 一八七頁）。こうした人間は、何をするにしても罪悪感に苛まれている自分を感じ、また、「彼が犯した特異な過失の一つひとつ」を苦渋に満ちた感情と言葉でもって「告白する（avouer）」ことさえあるでしょう（p. 103, I 一八七頁）。そして私たちは、そうした人間に対し、彼自身が自分の罪を認めていることによって、罪悪をもたらしたその人間がもはや悪人ではなくなっているため、或る種の寛大さによって、その人を許すことができるようになります。サルトルも引用しているように、「告白された罪は半ば許されている」（p. 104, I 一八九頁）、という常套句も、このことを含意しているのでしょう。しかも、サルトルの述べているように、自分の罪を認める者が、同様の罪を犯した他の多くの人間とは異なり、自分の場合は「常に『例外（à part）』であり、特異例（singulier）」であり、「戯れから、たまたま（du hasard）、運が悪かったために」（p. 103, I 一八七頁）、そうした過ちを犯したのであるから、自分の場合は、自分が罪ある者で在るという告白によって、その罪から逃れることが可能になります。

たとえ他者と同じ罪を犯しても、他者の場合は許せないにもかかわらず、自分の罪に対しては、こうした逃れ方ができるため、私たち人間は、他者の罪をいわゆる「他山の石」とすることができないのでしょう。また、どのような人間でも、その程度や引き起こされた結果の重大さに関しては異なるとしても、何らかの罪を犯す以上、こうした仕方で、自分の罪悪感からの救いを求めなければならないのも当然です。

ですから、サルトルのいうように、自分の罪を告白する人が、その告白にもかかわらず、自分の犯した罪ある行為は例外であり、特異例であることを、他者が認めてくれない時には、他者によって自分が罪ある者とみなされることを憤慨しながら拒否する、といったことがしばしば生じます。サルトルに従えば、こうした拒否は、他人によって罪ある者という在り方を押し付けられることに対する拒否であることになり、自己欺瞞の典型とみなされることになります。

しかし、サルトル自身は記述していませんが、どれほど罪悪感に苛まれていようとも、それが人間としての意識の在り方である限り、その罪悪感は、欠如を含むことのない、十分な罪悪感、といったものではありえないはずです。ですから、「告白した罪は半ば許されている」という常套句は、「半ば許されているだけでしかない」、ということをも含意しているはずです。すなわち、私たちは、たとえ罪悪感に苛まれながら自分の過ちを告白したとしても、完全には、罪を犯したものでない者にはなりえなくなります。ですからサルトルは、罪を告白する者が、「謙虚さ（humilité）においてであろうと押し付けがましさ（revendication）においてであろうと、それは問題でない」（p. 104, I 一八七頁）、としています[4]。

しかし、サルトルの主張とは異なり、日常的な経験からも容易に感じられるように、例えば、自分の過ちについての謝罪や告白を受け入れてくれない他者に対する、「こうして本当に謝っているのに、なぜ許してくれないのか」、という押し付けがましさは、謝罪によって過ちを犯した者ではなくなる、という人間の意識の在り方を他者が認めてくれないことに対する、憤《いきどお》りの現われなのでしょう。こうした憤慨により、謝罪する者は、欠如を含むところのない十分に謝罪する者となろうとしていることに、すなわち自分が十分に謝罪する者で在ることになり、こうした在り方が、他者には押し付けがましさ、と感じられてしまうのでしょう。

他方、謙虚に謝罪する者は、自分の謝罪や告白を受け入れてくれないのは、自分がいまだ十分に謝罪する者とはなっていないからであることを自覚し、しかもそうなることは不可能であり、挫折するしかないにもかかわらず、完全に謝罪する者へと向かって、自分の可能性を実現しつつ、自分の欠如を実感し続けることになるはずです。そして、この場合にこそ、すでに引用した、甘受しつつ耐え忍ばれた欠如との根源的な関係が当人に保持され続け、感受性を豊かにしてくれるのではないでしょうか。というのも、この時にもやはり、謝罪している意識は欠如という襞を刻み込まれており、この刻み込みに伴う心の痛みを感受しつつ耐え忍んでいるからです。

以上のことからすると、すでに触れた、突然の大きな裂け目によって「突然キレる」とか「頭の中が真っ白になった」といった言葉で自覚されるところの、意識の連続性の切断だけでは、その時の意識が何らかの襞を刻み込まれることにはならない、ということが明らかになります。なぜならば、まさにこうした言葉によって、切断後の行為が因果論的に説明されてしまうため、意識の連続性が再生され、もはや欠如が耐え忍ばれていないからです。ですから、私たちは、こうした言葉からは、欠如を刻み込まれた時の心の痛みを感じることができないのでしょう。たとえ意識の連続性が一時的に遮《しゃ》断《だん》されたとしても、このことによってだけでは、次節で探ることになる、自分自身を乗り越えることが生じるわけではない、ということが窺われるはずです。

3　自分自身を乗り越えること

前節までは、サルトルを導きとして、意識の微妙な在り方と、意識のそうした在り方に対応した感受性がどのようなものかについて探ってきました。しかし、意識のこうした微妙な在り方にもかかわらず、いやむしろ、微妙な在り方をしているからこそ、私たちは、いわば自分を自分で支えることが困難になったり、自分が生きていくための確固とした支えを容易にはみつけられなくなります。しかし、一個の人間として生き続けるために、私たちは、不安定な自分の在り方を支えなければならないと同時に、自分が行なったことをすべて自分で引き受けなければならない、という責任を背負わされています。

そこで、本節では、意識の半透明性ゆえに微妙な在り方とならざるをえない私たち個々の人間が、どのようにして自分を自分で支えているのかを、また、自分を支えるためにどのような辛さを味わわなければならないのかを、探ってみたいと思います。

一 自分を支える在り方としての実存

サルトルに導かれてここまで探ってきたように、人間の意識は十分には存在しえない以上、私たちは、そのつど何らかの行為によって、自分の在り方の不十分さを絶えず補い続けなければなりません。しかし、どのような行為を実現したとしても、サルトルのいうように、「私の身に起こることは、私によって私の身に起こる」のであり、「私は、人間である限り、常に、私の身に起こることに見合った仕方でそれに耐える」（p. 639, Ⅲ二七四頁）しかなくなります。例えば、サルトルも指摘しているように、「私は戦争に賛成するのか、それとも反対するのかに自分を拘束することなしには、「私がおかれている」状況の中でその戦争を発見することができない」ため、私はそのつど何らかの行為を具体的に実現することによってのみ、この「戦争を私のものたらしめる」しかなくなります（p. 640, Ⅲ二七六頁）。同様にして、例えば、私が誠実な親や教師でありたいと欲することが、以後の私の行為を誠実な在り方の現われとしてくれます。それゆえ、誠実な親や教師でありたいと願っている私に或る出来事が耐えうるかどうかは、あるいは、その出来事にどのように対処できるかは、認識や判断といったいわゆる理性に基づいて決定されたり、処理されるのではなくなります。そうではなく、誠実な親や教師へと向かって自分を超え出る仕方に応じて、つまり私の行為そのものによって、私がその出来事にどのように臨んでいるかを、また、その行為によって私の選択がどのようなものであったのかを、私は実感することになります。例えば、予想もしなかった由々しき問題を起こしてしまった子どもに対し、親や教師が誠実で在ろうとするかどうかは、その問題によって親や教師自身も巻き込まれた状況の重みを当の子どもと共に引き受けながら、それまでの自分の在り方や、子どもに対するそれまでの接し方を、当の子どもと共に超え出ようとするかどうか、という親や教師の行為にかかっていることになります。

ですから、自分が欲している在り方を目指して、「私は、日々私を選択し」、「私を創ることによって（en me faisant＝私たらしめることによって）」（p. 640, Ⅲ二七六頁）、私を親や教師にしてくれることになります。こうした選択によって、私の世界であるすべての養育や教育に関わる出来事が私自身に相応した出来事に、すなわち、いわゆる親や教師の「身の丈に見合った（qu'on mérite）」（p. 641, Ⅲ二七七頁）出来事になるはずです。例えば、自分の担任するクラスに或る問題を起こした子どもがいたとしても、その子どもと以後どのように関わることになるかを選択するかに応じて、その子どもが引き起こした出来事は、当の教師にとって解決できるものとなったり、その問題から身を退かざるをえなくなるものとなるわけです。

このように、現実的人間は、そのつど何らかの行為を選択し、その結果自分の身に起こることを、自分に見合った仕方で引き受けなければならないことから、サルトルは、こうした人間の在り方を実存（existence）と呼んでいます（p. 520, Ⅲ三八頁）。ですから、自らの選択とその結果の引き受けとによって、かけがえのない唯一無比の一個の私が創られる［＝私たらしめられる］、という意識の在り方が、実存という観点からより強調されることになります。こうしてサルトルにおいても、そのつどの個々の意識の在り方を実存とみなすことが、人間を捉える際の重要な視座であることが明らかとなります。しかも、サルトルにおいてはより明確に、そのつどの自分の在り方を選択しなければならない実存が自ら負わなければならない責任が明示されることになります。つまり、サルトルのいうように、「そもそも存在への私の出現の瞬間から、私は、ただ一人で世界の重みを担い、何ものも、また誰も、その重みを軽減してくれることはできない」（p. 641, Ⅲ二七七頁）ことが導かれることになります。

では、半透明性によってそのつど微妙な在り方をしている不安定な意識は、一個の実存として、どのような仕方で自分の身に起こることを、自分の身の丈に見合った仕方で引き受けることが、また、どのようにして自分自身を捉えることができるのでしょうか。

二　不　安

自分自身を創りだし、そのつどの自分の選択によって、自分に見合った仕方で自分の行為を捉えつつ、自分を超え出ていく限り、一個の実存としての人間は、そのつどの在り方や行動傾向や性格等の根底にあるもの、という意味での本質によっては捉えられないはずです。例えば、物体の変化や運動が自然科学の法則によって本質的に説明できるのとは異なり、サルトルは、「行為が人間的行為であるのは、それについて私たちが与えるあらゆる説明を行為が超え出る限りにおいてである」（p. 72, Ⅰ一二九頁）、とします。また、私は、「私の実存そのものによって、それら〔＝私の行為を促す動機から逃れている」のであり、「私は、常に、私の本質（essence）の彼方に（par delà）、私の行為の動機や動因の彼方に実存すべく運命づけられている」（p. 515, Ⅲ二九頁）、ともいいます。このことは、人間が、自然科学の規定する決定論からだけではなく、動機づけ連関に基づく心理的決定論からも逃れていることを、つまり、意識は自由であることを意味しています。またこのことは、意識がいわゆる能動的な主体性によって自由であるのではない、ということをも意味しています。むしろ、絶えず自分自身を乗り越えながら自分を創りださなければならないからこそ、人間の意識は自由であるわけです。それゆえ、サルトルにおける自由は、通常私たちがそうみなしているような、いわば主体的人間に委ねられている意志の自由を意味するのではありません。むしろ、「現実的人間が自由で（libre）あるのは、現実的人間が十分に存在していないからである」（p. 516, Ⅲ三一頁）、ということになります。

すでに本章第2節で探ったように（本書三八頁）、行為の次元では、私たちは世界に拘束されていますし、心理的決定論に従って日々の生活を大きな齟齬なく営んでいる時には、いわゆる因果論的に説明できるような仕方で行為しています。しかし、人間が、サルトルのいうところの自由によって、こうした決定論から逃れていることは、サルトルにおいては、不安において私たち自身に実感される、とされます。こうした不安がどのようなものであるのかを、サルトルは、未来の前における不安と過去の前における不安とを取り上げ、それぞれ断崖を前にした不安（pp. 67-69, I 一一九―一二四頁）と賭博師の不安（pp. 69-71, I 一二四―一二七頁）とを典型例として、明らかにしています。しかしここでは、未来の前における不安としては授業に臨む教師の不安を、過去の前における不安としては不登校児の不安を例として、具体化したいと思います。

授業を行なうために十分に教材研究をし、授業の展開計画を慎重に立てることによって、授業に臨む教師は、例えば、子どもたちに注意深く問いを投げかけようと試みるでしょう。というのも、教師が問いかけに注意深くなるのは、子どもたちが問いかけに集中して欲しいからです。しかし、教師自身がたとえ注意深く在ろうと試みても、例えば、子どもたちに落ち着きがないために彼らの注意を引きつけられないのではないか、といったことが危惧される場合があります。こうした時には、教師は、問いかけに対する教師の注意深さは、教師自身の行為の不十分さによってではなく、外的要因によって実現されない、すなわち、子どもたちが原因で授業がうまくいかない、とみなすことになります。

こうした外的で因果論的な決定論によって引き起こされる教師の危惧を、サルトルは、恐怖（peur）と呼び、不安（angoisse）と峻別します。

他方、教師の慎重な問いかけという行為を実現するのは、他ならぬ一個の実存としてのその教師自身でしかないことが教師自身に実感されると、教師は、サルトルのいうところの不安に陥ることになります。この時の教師にとっては、恐怖に陥っている時とは異なり、慎重な問いかけが実現されるかどうかは、教師自身の在り方にのみ依存することになります。というのも、問いかけに慎重で在ろうとすることは、慎重ではない様々な可能性を一旦意識したうえで、それらの行為をしてしまわないように、と気をつけることが必要だからです。慎重で在ろうとすることは、「その他の可能［性］を［一旦］立てたうえで」、それらを私によって実現されてはならないものとして意識し続けながら、つまりそれらを「背景」としながら、慎重な行為が私によって実現されなければならないからです（p. 68, Ⅰ一二一頁）。すると、慎重で在ろうとすることによって不安に陥っている教師の意識は、慎重ではない様々な可能性によって刻み込まれていることになります。

しかし、慎重で在るために慎重でなくなる可能性を一旦立て、しかも、それが実現されてはならないものとして意識し続けることは、自分の意図に反して、結果として慎重ならざる行為をしてしまう可能性を同時に常に意識し続けることになります。或る行動を起こしてはならないと、慎重になればなるほど、私は当の行為を自分で引き起こしてしまうのではないか、といった状況に追い込まれるわけです。こうした状況に陥っている時の意識の在り方が、サルトルのいうところの不安です。ですから、不安に陥るのは、慎重な行為だけではなく、慎重ではない行為の可能性を自分の可能性とすることを自分自身に強いるものは何もないことを、つまり、心理的決定論によっては慎重な行為は生じえないことを、ありありと実感しているから、ということになります。自分では避けたいと強く願っている行為を、避けたいと強く思っているために、自らその行為をこれから犯してしまうのではないか、と強く意識されている時の在り方が、未来の前における不安です。

「明日こそは学校に行こう」、と決意した不登校児の意識についても、同じことがいえます。

学校に行けば、例えば、いわゆる「いじめ」にあうのではないかという危惧に襲われている時に陥るのが、その危惧が自分以外のものによってもたらされるため、サルトルの恐怖にあたります。他方、「明日こそは学校に行こう」と決意すればするほど、翌日になると、学校に行けばまた嫌な目に遭うのではないか、という恐怖に襲われ、この恐怖を乗り越えようとして、「明日こそは学校に行こう」と昨晩あれほど強く決意したはずではなかったのか、と思った瞬間、サルトルがいうところの過去の前における不安に陥ることになります。というのも、この時には、「まさに過去の決意が全面的に無効である」(p. 70, I 一二五頁)、ということが切実に彼に迫ってくるからです。つまり、過去の決意は、「私が私の決意についての意識をもっているという事実によって、凝固し(figé)、無効となり、「私を」超え出ている」(p. 70, I 一二五頁)からです。意志の力で昨日の決意を頼りにしている以上、今の私はもはや昨日の決意そのものではなくなっています。私は、学校へ行くことができないという意識の只中で、学校に行こうと強く意識せざるをえないのですから、或る決意が或る行動を結果として導いてくれるという心理的決定論は、意識の中に滑り込んでくる裂け目によって、無効にさせられてしまいます。このように、過去においていくら強く決意したとしても、その決意が揺らいでしまうだけではなく、その決意が何の役にも立たない、といったことが私たちの日常生活で非常に多く生じていることは、自分自身を振り返ってみれば、よくわかるのではないでしょうか。つまり、主体的に何かを決意しても、人間は、その決意を十分に生きることができないだけではなく、かつての決意が強固であればあるほど、その強固さによって決意は凝固してしまいます。確かに、同じ状況であっても、心理的決定論に従って自分の行為を律することのできる場合も多いでしょう。しかし、不安に陥っていることは、自分以外のものに原因を求める恐怖とは異なり、自分自身の在り方を強く意識することによって、かつての決意から切り離されているのですから、いわゆる主体的な意志の効果が発揮されることはもはやなくなります。ですから、こうした時によく言われる、「意志が弱いから」といった捉え方は、サルトルに従えば、人間の本来の在り方を見失った捉え方でしかない、ということがわかると思います。

他方、何らかの義務や規則に、あるいは、「学校に行くことは将来のためになる」という価値づけに、さらにまた、「学校に行くことは当たり前のこと」といった自明性等に従って学校に通っていることが、いやそれどころか、朝起きたら学校へ行くための身づくろいを行なっており、その延長上の行為として学校に向かっていることが、不登校に陥っていない意識の在り方です。

当然のことながら、教師が陥る上述したような不安は、通常の授業で生じることは稀でしょう。せいぜい、初めて授業に臨もうとする教育実習生や、公開研究授業で多くの参観者に眺められている時に生じるような不安でしかないでしょう。そうであるのは、サルトルも述べているように、上述したような不安に陥ることなく、様々な決定論に従って行動することが、私たちの最も日常的な在り方だからです。

決定論は、意識の恒常的で連続的な流れが切断されることなく、意識に備わる「断層を［もはや］もつことのない、……連続性を私たちの中にうちたてる」(p. 515, Ⅲ二九頁) ことができます。また、こうした日常的な在り方が私たちにとって最も馴染み深いため、私たちは、サルトルがいうところの「実体論的錯覚 (illusion substantialiste)」(p. 643, Ⅲ二八一頁) という思いこみに陥っている、ということもできるでしょう。ですから、私たちは、苦悩する存在から逃れようとするために、実体論的錯覚に陥っているからこそ、不安に陥らず、日常生活を大きな支障なく生きることができるわけです。

三 実体論的錯覚

サルトルと共に私たち自身も、サルトルがいうところの実体論的錯覚に基づいて子どもの意識を捉えることから脱するならば、すでに簡単に触れた、「突然キレる」とか「頭の中が真っ白になった」、といった言い方で語られる子どもの意識の在り方がどのようなものであるかが、明らかとなるはずです。例えば、それまでは「全く普通の子ども」や「まじめでおとなしい子ども」が、或る時突然、その原因や動機が周りの者に理解できないような行動を起こす、といったことは、ここまでサルトルと共に探ってきたことからすれば、次のように捉えられるようになります。

つまり、実体論的錯覚に陥っている周りの者には理解できないそれらの行動は、おとなが思っているようなその子どもの本質や動機や状況から切り離されていることによってである、と捉えられるようになります。そもそも、私たちは、不安に陥ることのないようにと、自分の行為を自分にとって本質と思われるものによって説明したり、心理的決定論に従って習慣性と外面性とを自分の行為に与えることにより、大きな齟齬《そご》なく、日常生活を営むことができるのでした。そうである以上、不安に陥っている子どもや、日々の生活に大きな支障をきたしている子どもや、道徳や社会通念に従って生活できない子どもは、それどころか、私たちおとなでも、サルトルのいうところの不安に陥っている時には、それらの道徳や通念から切り離されているだけではなく、自分の本質に頼ることができないという、まさに実存の危機に晒《さら》されていることになります。それゆえ、こうした子どもたちの振舞いが周りの者に理解できないのは、彼らの意識を私たちの認識対象とみなしているだけではなく、さらには、そうした子どもの行為を当の子どもの認識作用によって生み出されたもの、とみなしているからに他ならないからである、ということが導かれることになります。そして、人間研究においては、こうした実体論的錯覚から脱することによって、周りの者に理解できない行動の原因を、例えば、過去の生育歴や社会に還元することなく、当の人間のそのつどの意識がとりわけどのような大きな不安に陥っているか、を捉えることが可能になるはずです。

他方で、例えば親から激しい虐待を受けたから、思春期になった今でも、他者関係に大きな問題を抱えている、といった捉え方によっては、或る場面で他者との間で大きな齟齬をきたしている子どもの辛さや不安を促えることはできなくなります。

四　過去を超え出ること

上述したような意味で、人間が自由である限り、例えば、典型的には、多くの心理学がしばしばそうみなしているようですが、未来から現在を通過して過去へと沈み込んでいくといった、直線的な時間の経過の中で、人間を様々な行為の連続的な営みの恒常的主体とみなすことは、すでに実体論的錯覚に基づいて人間を捉えることにしかならなくなります。例えば、過去の体験や出来事が原因となって現在の行動が生じるといったことは、あるいは、未来における目標が現在の行動を牛み出しているといったことは、本来、私の身の上に起こることではないはずです。不登校児について述べたことからも導かれるように（本書六九頁）、私の過去は、それだけでもって現在の私の行為を牛み出してくれないのですから。

しかし、他方で同時に、私の過去は、それが過ぎ去ってしまったからといって、私にとって何の意味も影響力ももつことはない、ということではありません。確かに、個別的で具体的な人間で在る限り、私は、私の過去を追い越し、もはや過去の私ではない、という仕方で、そのつどの今を生きています。しかし同時に、過去を追い越すことによって過去の私でなくなるためには、私は、一旦は私の過去で在らねばならないことになります。しかしそうはいっても、例えば、上述した不登校児の場合に即して述べれば、「明日こそは学校に行こう」という決意が不安において無効となるのは、彼が昨晩、「明日こそは学校に行こう」と決意したからです。ですから、現在の「私が私の過去でないことができるのは、私が私の過去で在る限りにおいてである」（p. 161, Ⅰ二九九頁）、ということになります。しかし、私が私の過去で在るのは、私の自我の同一性によってでもなければ、過ぎ去った自我と現在の自我との恒常的同一性によってでもありません。そうではなく、人間の「意識は、……取り返しのつかないもの（irréparable）の彼方［＝現在］において、存在へと出現する存在であり、この取り返しのつかないものが、……過去である」（p. 186, Ⅰ三五〇頁）、ということになります。「過去は、まさに背後から、私が在るところのものであるようにと、私を強いる存在構造でしかない」（p. 162, Ⅰ三〇一頁）のです。私が過去に行なったことは、それが過去の出来事である限り、現在の私は、そうした過去の在り方をしていません。しかし、そうした過去は、取り返しのつかないものという仕方で、現在の私に迫ってきます。それゆえ、私の過去をあたかも他人事であるかのような認識対象とみなすことによって、過去との関係に自分なりの決着をつける、といったことは本来できることではないはずです。

確かに一見すると、例えば過去における私の失敗や過ちや人間としてあるまじき行為をありありと想い起こし、当の行為をしたのは他でもない自分自身でしかないことに苛まれる時には、私は私の過去を自分で背負っているかのようにみえます。そして、このこと自体は、過去を後悔する者の意識の一つの在り方である、ということも否定できないでしょう。しかし、サルトルも明示しているように、私の過去のこうした過ち等を、その時の私の気持ちや私を取り巻く状況によって生じたものとみなすならば、私は、私のこうした過去を認識対象としてしまうことになります。その結果、私の過去は、の拠り所としてそこに身を寄せるものではもはやなくなってしまいます。サルトルのいうように、「私の私が過去を全面的に『寄る辺なき状態（délaissement＝見捨てられた状態）』として生き続ける限り」、「私「過去」は私の単なる「知識（savoir）」でしかなくなってしまい（p. 187, I三五二頁）、いわば他人事となってしまいます。だからこそ、私たちは、自分が犯した過去によって苦しめられたり、自分の過去が自分を苛む、ということから救われるわけです。他方、例えば不登校児は昨日の決意に頼ろうとそれに身を寄せるのでしょう。しかし、その決意はもはや彼に登校を促してくれないだけではなく、寄る辺なき状態として認識対象とすることさえできないため、彼は、昨夜の自分の決意によっても苦しめられることになります。ですから、こうした時の不登校児の意識は、昨夜の自分の決意を刻み込まれているにもかかわらず、それはいわば襞の奥深くに埋め込まれているため、より複雑な在り方をしていることになります。このことからすると、不登校児によってしばしば語られる、「精神の病気のために自分は学校に行けないことがわかれば、まだましだ」という言葉は、不登校の原因を求め続けながらも、自分の過去を寄る辺なき状態とできない不登校児の苦しみを露わにしてくれているのではないでしょうか。

他方、私の過去を認識対象とせず、むしろ、現在と未来の私の在り方を背後から強いるような仕方で、「開示（dévoilement）」されるままの「そうした過去で在る者として自分を引き受ける」限りにおいて（p. 186, I三五一頁）、過去は、「私のすべての思考や感情の背後に‐ある‐取り返しのつかない深み（irréparable profondeur-en-arrière）」として、「私の具体的な過去」となるはずです（p. 187, I三五二頁以下）。その時には、過去の私の過ち等の原因を何か他のことのせいにすることなく、その過ち等を自分が犯したために、どんなに辛く厳しい状況におかれようとも、また、どのような償いを強いられたとしても、それどころか激しい後悔の念に苛まれようとも、現在の私のそうしたすべての在り方と、将来の可能性とを規定するものとして私に実感させ続けることに応じて、私の過去は「重苦しく（lourd）充実した」ものとなります（p. 187, I三五三頁）。このように、私の過去は、本来、私自身によって「肯定されることも、否定されることも、主題化されることも、吸収されることもできない」

(p. 186, I三五一頁) ものとして、「私のすべての行動の……根源」(p. 187, I三五二頁) であり続けることになります。ですから、「明日こそは学校に行こう」、と強く決意した不登校児の過去は、その決意が強かった分、より一層、実際には学校へ行けない現在の彼に重苦しくのしかかってくるはずです。

あるいはまた、ハンセン氏病にあっては「天啓でもあった」と自ら語ることのできる、本章第2節四で引用したハンセン氏病患者は(本書五八頁)、それこそこの病に患《わずら》うことのない者にとっては、想像を絶する仕方で自分の重苦しい過去を引き受けることによって、それまでとは全く異なった新たな価値を彼にとっての生きがいとすることができたからこそ、この言葉を心から発することになったのでしょう。

認識することは、認識する者と認識される者との間に距離を生み出すことでしかない限り、私の過去に関してだけではなく、認識によって自分を捉えることは、捉えられた自分を自分自身から切り離すことになるのでした。それゆえ、私の過去は、それが私自身の背後から、私の企てを過去が強いるがままにさせることによってしか、他ならぬ私の過去とはならないことになります。このことを、未来と関わらせて述べれば、「未来が実現され実感されうる(réalisable)ためには、過去は取り返しのつかないものでなければならない」(p. 578, III一五四頁)、と言い換えることができます。つまり、たとえ過去においてどのような失敗や過ちを犯したとしても、それらの過去を取り返しのつかない私の過去とし、その重苦しさを自ら背負うことによって、初めてこの過去を真に乗り越え、未来へと向かって存在することが可能になるわけです。「過去という仕方で、世界は私を締め付ける（m'enserrer）」からこそ、それにもかかわらず、かつて「私が在った限りにおいて、私は私の過去を将来へと向かって徹底的に超え出る」（p. 193, I三六三頁）ことができます。しかし、そのためにこそ、過去は、「乗り越えられた重苦しさとして、乗り越えそのものの中に保持された重苦しさ（lourdeur）として」、私がそれで在るべきところのものである（p. 162, I三〇二頁）のでなければならないのでしょう。

したがって、例えば、「なぜあんなことをしたのだろう」、とか、「あんなことをしなければもっと違った人生を送ることができたのに」、といった想いに駆られ、ただただ過去の失敗や過ち等を後悔し、悩み続けている限り、一見すると、認識によって過去を寄る辺なき状態としていないように、つまり、現在の不幸な状況の拠り所としてそこに身を寄せているようにみえても、その過去は、実は取り返しのつかないものとはなっていないことになります。こうした想いに駆られている者は、むしろ、何とかしてその過去を取り返したいのです。それゆえ、未来へと向かってその過去を超え出ることもできないまま、現在の私は、こうした過去へといわば吸収されることにより、過去に失敗や過ちを犯した意識へと凝固してしまうことになります。

他方、過去を本当に乗り越えるためには、乗り越えそのものの中に保持されている私の過去に、私の将来的な企てによって未来へと自分を拘束するような「価値を与え続ける」ことができなければなりません（p. 580, III一五八頁）。そしてこの時にこそ、私の過去がその重苦しさを備えたまま乗り越えられることになるため、「過去の切迫さは、未来から到来する」（p. 580, Ⅲ一五八頁）、といえることになります。例えば、或る子どもに対し親や教師がこれからどのように接するかによって、その子どもとの過去の出来事の切迫さが、当の子どもと親や教師にとって全く異なってきます。つまり、その子どもとこれから過ごすことになるであろう未来が、親や教師にとって大事なものである限りにおいて、その子どもと過ごした過去が親や教師にとって逼迫《ひっぱく》したものになるわけです。このことは、たとえそれまでの両者の関係がどれほど親密で充実したものであったとしても、両者のいずれかが、これからもこの関係を大切にしようとは思わなくなった瞬間に、その者にとっては、過去においては備わっていた両者の想いが急激に色あせてしまう、といったことを私たちが時として経験することからも、明らかです。

するると、すでに述べたように、人間が自分の欠如を取り戻すために自分を絶えず創り続けなければならないとしても、その時の人間は、何の拘束も制限もない状態で、自分の存在を取り戻そうと試みることができるわけではないことになります。むしろ、そのつどの現在において「経過していくもの、将来の根底から自分を呼び招くもの、あったところの過去で重みを負わされているもの」こそが、自分に「独自の固有性」（p. 206, Ⅰ三八九頁）に拘束された人間の事実性（facticité）となっており、この事実性に拘束されているからこそ、私は私自身として自分を創りだすことができることになります。

他方、認識によって自分の過去を捉えなおすだけならば、私は、過去の重苦しさに拘束されることなく、未来へと向かうことができるように思われてしまうため、私の未来は、あたかも無限の可能性を保証されていかのようにみえるかもしれません。しかし、こうした未来は、自分に独自の固有性に拘束されていないため、私の過去の事実に支えられてはおらず、かけがえのない私の未来であることをやめてしまうでしょう。過去の誤りを認識したり思考するだけの反省によっては、過去の誤りが繰り返される、という日常素朴に捉えられている、いわゆる表面的な反省がもたらす結果は、私たちのよく知るところです。

以上のことからすれば、この「独自の固有性」は、他人との比較によって見出せるような自分の性格や行動傾向といったものでないことは、もはや明らかでしょう。むしろ、認識によって他人事とされることなく、様々な不幸や過失や苦悩や悲しみを負わされてきた人間が、自分の生き方に対して何らかの価値を立てようとする際に、その価値と相互に反映し合うような仕方で、自分に負わされた過去の重みが、「内面的な彩《あや》どり（coloration）」（p. 206, I 三八九頁）として、当の意識の思考活動や感情状態を生きいきと色づけているはずです。そして、こうした内面的な彩どりこそが、個々の人間に独自の固有性を、つまりその人間の感受性の豊かさを成しているのでしょう。例えば、他人に対して優しく生きることをこれからの自分の人生の価値とすることは、他人には優しくなかった私の過去に、後悔の念や心苦しさといった重苦しい彩どりをつけることになります。それゆえ、こうした重苦しさを伴うことなく、これからの生き方を望ましいものとして心に描こうとも、そうした生き方は、何の彩どりもない浮わついたものでしかないでしょうし、自分の固有性ともなっていないはずです。

では、自分に独自の固有性は、どのようにして私自身に捉えられるのでしょうか。

五　自己開示の辛さ

サルトルは、例えば、精神分析的治療において、医者が次第に患者の在り方に近づく際に、患者の側からなされる、治療を拒否するかのような「抵抗」について考察しています（pp. 90-93, I 一六一―一六七頁）。治療に対する患者の側からのこうした抵抗は、サルトルの解釈によれば、自分自身に対しても認めたくない自分の或る在り方を、他人にだけではなく、自分にも隠しておくために、患者は、隠しておきたい当の在り方を、意識の半透明性によって了解していることから生じる、とされます。つまり、自分の或る在り方から目を逸らすためには、逸らしたい当の在り方が、何らかの仕方で私自身に知られていなければなりません。この時には、自分自身にもいわゆる嘘をつき、自分がその嘘に騙《だま》されることにより、そうした在り方ではない自分の在り方を自分自身にも維持しようとします。ですからこの時の意識は、自分自身にとって、「一方では、隠されるべき事柄を保持し、それに狙いをつけて（repérer）おり、他方では、それを拒絶し、覆い隠そうとする」（p. 92, I 一六五頁）という自己欺瞞に陥っていることになります。そして、こうした自己欺瞞の在り方が、精神分析的治療によって、真実として露わにされそうになると、患者は、治療に対して抵抗することになる、とされます。そして、この点に関するサルトル自身の考察は、ここで止まっています。

しかし、さらに探るべきことは、患者のこうした抵抗から垣間見られるところの、自分の自分自身への開示の辛さと苦悩の大きさについてです。

サルトルは、それが在らぬところのものであり、それが在るところのものであらぬ意識が、それで在るところのものとなるのは、死によってである、といいます。すなわち、生きている間は、欠如を含むために未来の可能性が開かれ続け、それを満たし続けなければならない限り、人間は、いつまでたっても、それが在るところのものや、完全な、それどころか、あるがままの在り方には達することができないわけです。あるいは逆に、過去の過ちに拘泥するだけでは、どのような未来も開かれてはこないことも、私たちはよく知っています。ですから、こうした絶えざる未完が完成されるのは、「永遠（éternité＝来世）が私たちを私たち自身へと変えたように、死が、私たちを私たち自身に合体させる」時であり（p. 159, I二九四頁）、死の瞬間において初めて、私たちは、自分の存在をいわば完成させるしかないのでしょう。「或る人がどのような人間であったかは、その人が死ぬまでは判断できない」という常套句が意味していることも、おそらくはこのことでしょう。そして、このことから垣間見えてくることは、人間のあるがままの姿が自分自身に開示されることの悲劇です。

このことを日常の場面で典型的に私たち自身に感じさせてくれるのは、サルトルが見事に記述しているように、他人の眼差しを感じて、私が羞恥に陥った時です。それが極めて短時間で終わってしまうとしても、羞恥に駆られている者は、たとえ或る人が私の前に居なくても、やはりその人の前で、私は私の振舞いの下品さや無様《ぶざま》さや野卑《やひ》さを、一瞬のうちに余すことなく実感して、赤面してしまうことになります。しかもその際、「私は、私が在るところのものについて恥じる」のであり、「私は、私が他人に対して現われている限りの私について恥じる」(pp. 275-276, II 一一二頁) ことになります。しかもその実感たるや、自分が羞恥に襲われた時のことを思い出せば明らかなように、「骨の髄まで侵される」ほどに、「何らかの推理的な前触れもないままに、私の脳天から爪先までを駆け巡る直接的な戦慄《せんりつ》」(p. 276, II 一一三頁) となるほどの直接性と無媒介性とに付き纏われています。つまり、羞恥においては、「現実的人間としての私の全体」が私自身に実感されるような仕方で、「私は、他人が私を見ているがままに私が存在していることを、自認する (reconnaître)」(p. 276, II 一一三頁) しかなくなります。したがって、認識による反省とは異なり、「羞恥は、私自身と私との親密な関係を実現する」ことになりますが、その親密さは、「距離もなく、身を退くこともなく、視点もない……親密さ」(pp. 275-276, II 一一二―一一三頁) となっています。

しかし、サルトルを超えてさらに探りたいのは、戦慄を伴って、私のあるがままの在り方として私自身に開示されるのは、それが無様で野卑であるという、他人に隠しておきたい私の在り方であるからだけではなく、さらには、それが私のあるがままの在り方であるからではないでしょうか。つまり、本来は私の死によってそうなるはずであるところの、私の在るところのものが私自身に余すことなく開示されることは、例えば、完全には誠実にも不誠実にもなりえず、また、完全に苦悩する者にも悲しむ者にもなりえない人間が、過去の重苦しさを背負った具体的な一個の人間として、いわゆるネガティヴな自分の過去を背負いつつ、その在り方そのものにおいて自分に開示されることは、自分の存在そのものの凝固につながるのではないでしょうか。ですから、羞恥に晒された人間は、為すすべもなく、ただただ赤面するだけとならざるをえなくなります。

事実、サルトルの記述を待つまでもなく、思春期に典型的となるように、様々な嫌な面も携えたあるがままの裸の自分自身に向き合うことには、苦渋が必ず伴うはずです。思春期を過ぎた人間ならば、誰でもが自分にさえ隠しておきたい自分自身の裏面や暗部や恥部を備えているはずです。そして、こうしたネガティヴな内面を備えながらも、日常生活を大きな齟齬《そご》なく営めるのは、サルトルがいうところの、自己欺瞞によってであり、また、自己欺瞞的な在り方をしているからこそ、大きな齟齬なく日常生活を営める、といえるでしょう。

ましてや、そうした内面さえをも医者やセラピストという他人に晒さなければならない患者やクライエントが、治療が進むにつれて治療を拒否するのは、当然のことでさえある、といわざるをえません。他人に自分のすべてを晒すことは、サルトルの明示しているように、その人にすべて見透かされている、と感じることです。しかも、こうした時の他人の「眼差し（regard）は、私から可能性を失わせつつ［私の自由を他人の自由に］譲渡する（aliéner）」（p. 321, Ⅱ一〇一頁）以上、他人に「見られている（être vu）ということは、私の自由ではない或る［他者の］自由に対する無防備なままの存在として、私を構成する」（p. 326, Ⅱ一一一頁）ことになります。

それゆえ、患者やクライエントが、例えば、医者やセラピストの前で泣き出してしまったり、自分の抱えている問題を理解してくれなかったことに大きな不満を持つのは、その人間が陥っている状況やその状況によってもたらされる不幸や悲しみや憤りからだけではないはずです。本来は一個の人間として、自分の過去や世界の重さを自分一人で背負うべきであるにもかかわらず、そうすることができないと痛感している自分の弱さをも、全く無防備なまま、他人に晒さなければならない「なさけなさ」と「ふがいなさ」による、ともいえないでしょうか。

あるいは、サルトルの述べているように、こうした「他人の眼差しによって、私は、世界の只中で凝固した者として、危機に瀕《ひん》した者として、癒《いや》されえない（irrémédiable）者として、私を生きる」（p. 327, Ⅱ一一三頁）しかない以上、次々と医者を変えるという、いわゆるドクター・ショッピングは、他人の眼差しに晒されることによる自己開示の辛さがどれほど大きなものであるかを、如実に物語っていることになります。というのも、どのような患者やクライエントであっても、自分が陥っている状態は、それこそ一個の実存である限り、たとえそれが医者やセラピストであっても、他人によって治療可能なほど生易《なまやさ》しいものではない、と確信しているはずだからです。また、そう確信しているからこそ、一個の実存として生きていけるのでしょう。

すなわち彼らは、他者によっては自分の心の病が癒されることのないほど重篤《じゅうとく》であることを、必死に訴えたいはずです。それどころか、サルトルは、他人に眼差されることは、「私の奴隷状態の承認（reconnaissance）」である（p. 326, Ⅱ一一二頁）、とさえいいます。それゆえ、こうした時には、「他人が私の行為をどのように利用しうるのかについての明確なヴィジョン（vision＝見解）のもとに、私が他人を正確に捉える（saisir précisément）のではなく、私の全ての可能性をアンビヴァレント（ambivalent＝対立感情並列的）なものとして生きる、という恐怖のうちにおいて、私は他人を感覚的に捉える（saisir）」（p. 323, Ⅱ一〇四頁）しかなくなります。

それゆえ、サルトルのこれらの言葉は、人間に関する経験科学においては、特に実証的研究においては、次のような理由から、文字通りに受け取られるべきでしょう。つまり、日常的には、「医者の実験台になる」、という言葉で語られているように、患者やクライエントは、研究のために、それこそ学会発表や論文作成のために、彼らの行為が他人によってどう利用されるのかがわからない状況にさえあります。治療やセラピーに関して得られた成果を、学会や論文で公開するためには、最近の傾向から、たとえ当人の承諾が必要であるとしても、承諾を拒否することは、患者やクライエントにとってそれほど容易なことではないはずです。

そして、多くの場合、医者やセラピストに対し、こうした弱い立場にある他者関係の中で、患者やクライエント自身の在り方があからさまに顕示されるならば、彼らこそが、自分の在り方を、それこそ大きな辛さと苦渋の中で捉えていることになります。ですから、自分の存在において自分自身をより深く了解しているのは、医者やセラピストではもはやなく、むしろ患者やクライエントの方である、ということにならざるをえません。

それゆえにこそ、より一層、自分を取り戻し、自分を支えるために、自分のあるがままの姿を思い浮かべ、それを自分自身の中へと取り込むために、私たちは、いわゆる反省をするのでしょう。しかしこうした反省は、サルトルによれば、「自分自身に対し、自分が在るところの者で在るため」(p. 207, I三九一頁) になされるだけの、したがって、それとして気づかされることなく自分自身の意識に沿うような仕方でなされるような、いわば「共犯的な (complice)」(p. 201, I三八〇頁)、あるいは不純な反省と名づけられているようなものでしかないようです。というのも、こうした反省を試みることによって、私たちは、自分を対象化し、対象化された自分と一体化しようとするからです。

しかし、こうして対象化され自分の中に取り込まれた自分は、だからといって、私によって勝手気ままに構築された自分ではありません。反省することは、自分自身の存在の取り戻しの試みである以上、「反省は、反省される者の背後に、限定され性質づけられることに敏感な (susceptible)」私の在り方を私自身に現われさせてくれます (p. 207, I三九二頁)。つまり、反省によって自分自身のあるがままの在り方を捉えようとすることは、たとえそうした意図がないようにみえても、その試みに反し、しかじかの私で在りたいという想いが、あらかじめ私の中にあることになります、サルトルの言葉でより正確に述べれば、私のこうした意識の在り方は、意識の背後にあらかじめ曖昧なままぼんやりと抱かれているものの投影の「内面化（intériorisation）と対象化（objectivation）という二重の運動」(p. 207, I三九一頁）の試みでしかないわけです。

例えば、反省によって、私が或る友人に対する永遠の友情を抱いていることを捉え、私のこの友情を認識対象とし、その結果、私と友人との将来における友情関係を確信できるのは、私がその友人との友好的関係にこれまですでに拘束されてきたから、すなわち、この友情を私は大事にしたいからであり、また同時に、将来におけるこの友情を「すでに為された（déjà fait）」(p. 213, I四〇三頁）ものとしているからでしかないことになります。

反省によって捉えられる自分は、実はこうした対象化的認識から逃れ出ているにもかかわらず、それが自分に投影されている以上、認識により対象化されたものは、自分自身の影である限りにおいてのみ、心理学において捉えられている「心的なもの（Psychè)」とみなされることになります (pp. 208-209, I三九四―三九五頁）。そして、日常的に行なわれている反省によって捉えられる自分とは、こうした心的なもの、あるいは、自分の性質や状態や行為や体験であることに、およびそれらの諸関係や動機づけ連関と、それらについての学問的な説明を行なおうとする心理学の対象であることになります。反省は、こうした作用である限り、サルトルのいうように、反省する者といわば共犯関係にあるわけです。

それゆえ、多くの心理学が、認識によって実験協力者や観察されている出来事の当事者に対し、反省や内観によってその人間自身の意識を認識させたり、心理学者自らも同じようにして自分を認識することにより、理論化しようと試みるところのものは、内面化され対象化された意識でしかなくなっているはずです。そして、彼らによって内面化された心的なものは、共犯的な反省によって彼ら自身によって引き受けられることにより、心理学理論の妥当性が高められる、という奇妙なことが生じます。つまり、心理学の成果が、逆に人間の意識を、その成果に見合った意識としてしまう、ということが生じるわけです。

本章の最後に、以上の考察から、『存在と無』から導かれるはずの、筆者自身の研究領域である教育学への視座について探ってみたいと思います。

4 『存在と無』から教育学へ

人間が、本質によっては説明できないものとして、人間的に行為できるのは、自分が在ったところの者である本質から切り離されているからでした。そうである以上、教育によって自己形成したり、発達することは、自分の過去を乗り越え、自分を豊かに変えていくために、また、そのために自分の世界を教育によって豊かなものとするために、人間は、一旦、それで在ったところの私の過去で在ることにより、その過去で在らぬ者とならなければなりません。それゆえ、教育の観点からではありませんが、サルトルも、「私の重要な企ての一つが進歩すること（progresser）であるなら、……この進歩的な企ては、私の過去からの一連の剝離《はくり》を引き起こす」（p. 585, Ⅲ一六七頁）、といいます。しかも、単なる知識や情報の蓄積によってではなく、教育を受けることによって自己形成が本当に可能となるためには、授業等を介して、私は、そのつど、そこで学んだ自分を自分自身の過去の事実性としていかなければならないはずです。

確かに、サルトルのいうように、私が進歩するためには、私の意識は、「過去との連帯を断ち切る」（p. 585, Ⅲ一六七頁）ことが必要でしょう。しかし、本当に「自分の過去と連帯的でないためには、つまり自分の全面的な自由を肯定するためには、自分の過去を［一旦］立てる」ことができなければなりません（p. 585, Ⅲ一六八頁）。過去に対する人間のこの二義的な在り方から、教育における人間の二つの在り方が可能となります。

その一つは、本来は自由であるために、まず一旦はそれで在ることによってそれを超え出なければならないところの私の過去を、自由であるための不安から逃れるために、むしろ「自分を拘束するもの（engagement）」とみなし、そこに「堅固な地盤を見出したい」（p. 585, Ⅲ一六八頁）、と欲する在り方です。こうした欲求は、教育経験の積み重ねを拠り所としようとする教師にだけではなく、学習の積み重ねによる自己形成を目指す子どもにもみられる欲求でしょう。

しかし、こうした欲求は、教師にとっても子どもにとっても、そのつどの自分の行為が、自分の「本質との間に或る安定した関係」を、比喩的に述べれば、「父親が、自分の事業を継いでくれる子どもの中に自分を再認し、自分を評価することのできる」ような、「或る家族的相似を育む」ことでしかなくなります（p. 81, Ⅰ一四四頁）。こうした仕方での自己形成は、確かに、教育の一つの目的であるところの、子どものいわゆる良好な社会化にとって必要なだけではありません。さらには、サルトルのいうように、「人生がいかなるものであれ、人生の歴史は挫折の歴史である」（p. 561, Ⅲ二二〇頁）以上、こうした挫折によって苦悩することを未然に避けるためにも必要です。人間の意識が過去から切り離されている以上、自分の恒常性を打ち立てるために、私たちは、様々な「決定論の網の目に私の行動を編み込まなければならない」（p. 561, Ⅲ二二〇頁）わけです。そして、こうした在り方は、安定した人生を可能にしてくれるにもかかわらず、すでに述べたように、生真面目な精神に極めて近いものとならざるをえない、ということも否めません。

しかし他方では、人間は過去から切り離されている限り、例えば、これまでに遭遇したことのない状況に陥った時、その状況を乗り越えるためには、しかも、かけがえのない一個の実存として、その状況を身をもって引き受け、その重さを背負いながら、自分の目指している価値へと向かって自分へと超え出ていくためには、超え出て行く先である未来の光によって、自分の過去に照明を当ててもらい、そうした過去である自分を選択しなければなりません。そのためには、私のそのつどの行為や企てに対する私の過去の「動機づけを凍結させ（transir）」、意識の自由を取り返さなければならなくなります（p. 126, I 二二九頁）。つまり、サルトルによって「回心（conversion）」と呼ばれるところの、「私の根源的な企てを全面的に一変させる」（p. 555, Ⅲ 一〇六頁）ことが求められるわけです。

子どもの自己形成だけではなく、教師の自己形成について考察することを使命とする教育学は、従来は、それぞれの理論的立場から、こうした二つの自己形成のうちのどちらか一方しか考察してこなかったように筆者には思われてなりません。しかし、本章においてサルトルに導かれて明らかになったように、これら二つの自己形成は、人間に本来的に備わっている二義的な在り方のいずれかが、そのつどの状況において顕在化されたものでしかないのではないでしょうか。そうであるならば、これら二つの自己形成を、教育学においても、一個の実存としての意識の在り方の中に同時に認め、個別的で具体的な教育実践場面に即して、明らかにしていく必要があるはずです。

以上、本章では、サルトルの『存在と無』での言葉に導かれることにより、私たちの意識の微妙な在り方を探ってきました。その結果、意識の微妙な在り方は、自分自身のことを自分で捉えることに伴って、また意識の半透明性により、生じることが明らかになったと思います。また、意識のこうした微妙な変化に対する感受性は、苦悩によって意識に襞を刻み込まれることによって育まれる、ということも明らかになったと思います。しかし、私たちは、他者と共に生き、他者と向き合うことによって、自分自身を捉えることも多いはずです。そこで、次章では、他者との密接な関係について深く思索しているマルティン・ブーバーを導きとして、二人の人間関係における感受性について探ることにし、多数の他者との関係については、第6章で探ることにしたいと思います。

注

（1） 本章に限り、サルトルの『存在と無』からの引用は、原典と邦訳書の巻数・頁数を併記することにより、引用箇所を指示することにします。

（2） サルトルは自己（についての）意識を、非定立的（non positionnel）と非措定的（non thétique）という二つの語で表していますが、同じ意味で使用されている、と考えられます。

（3） この点に関しては、第6章でフッサールから学ぶ際に、自己触発に関わらせて、もう一度取り上げたいと思います。

（4） 謙虚な告白と押し付けがましい告白とを区別しないことから生じるサルトルの問題点は、「それが在らぬところのものであり、それが在るところのものであらぬ」という意識の在り方に、例えば、誠実と不誠実といった相互対立的な在り方と、悲しみや苦悩のように、欠如を含む在り方の両方が含意されていることの問題点を浮かび上がらせることになります。同様の問題は、断崖を前にした時に典型的となる不安（pp. 67-69, I 一一九―一二四頁）と、例えば執筆活動を中断するかもしれない不安や私が仕事を放棄するかもしれない不安（pp. 73-75, I 一三〇―一三五頁）とが、同様の意識の在り方として考察されていることにも現われています。意識におけるこうしたいわゆる深さの次元がサルトルにおいては十分に明らかにされていないことについては、中田（二〇〇四、一二三頁）でも考察しました。

第3章 他者との直接的関係について ブーバーから学ぶ

前章では、サルトルを導きとして、自分自身に向き合うことによる意識の微妙な変化について、さらには、自分で自分自身を支えることと自分を乗り越える際に陥る苦悩について探ってきました。このように、私たち人間は、自分自身に向き合うことにより辛さを体験することから、自分一人で自分を支えることが非常に難しくなります。それゆえ、私たちは、他者と共にお互いを支え合うことを必要とすることになります。そこで、本章では、対話という観点から他者との関係を探るために、対話について独特の思索を行なっているマルティン・ブーバーの代表的な哲学書である『我と汝』を主たる導きとして、二人の人間が身をもって向き合っている時の在り方と、そこで生じている人間関係における深さの次元と感受性とについて、探ってみたいと思います。

１　我‐汝の関係

その前に、ブーバーの著作の書名でもあり、また、その中で深く豊かに描き出されることになる「我」と「汝」という邦訳語について簡単に触れておきたいと思います。

これらの原語は、それぞれドイツ語の「Ich」と「Du」という一人称と二人称の代名詞で、日本語では、通常「私」や「僕」と「君」や「あなた」、と訳されます。ドイツ語だけではなく、ヨーロッパの言語の多くには、二人称の代名詞として、いわゆる親称と敬称とがあります。親称の二人称であるDuは、家族内や友人間で使われ、「さん」や「くん」に当たる言葉を名前に添えずに、ファーストネームだけで呼びかけます。ですから、子どもも親に対して、Duを使います。そして、子どもたちは、思春期になると、先生や初めて出会うおとなに対しては、敬称の二人称であるSieを使うことと、ファミリーネームで語りかけることを習わされます。大学生同士では、初めての出会いから、Duを使います。おとな同士の出会いでは、はじめのうちは敬称の二人称であるSieを使いますが、関係が親しくなると、いわゆる目上の人や上司の方からそろそろDuを使わないか、という提案がなされ、以後は、両者の関係がいかに損なわれても、Sieには戻らないそうです。

こうした人称代名詞であるため、Duは、日本語や二人称の代名詞が一つしかない英語には非常に訳しにくい言葉で、英訳本では、Thou が使われています。日本語では、多少乱暴な言葉になりますが、「Ich - Du」にはいわゆる「俺 - お前」といった言葉が最もぴったりくるのかもしれません。ですが、我 - 汝という、日本語としてはかなり古めかしい言葉が邦訳語としてすでに定着していますし、筆者自身もこれまでこの言葉を使ってきましたので、本書でも、そうしたいと思います。

『我と汝』では、我 - 汝と我 - ソレが、それぞれ対となった二つの根源語として提示され、それぞれの根源語が使われている時の人間の在り方が豊かに描かれています。そのため、これらの根源語は、一見すると、人間といわゆる物とに対する私たちの二つの態度の取り方に対応しているようにみなされるため、教育学の領域では、例えば、子どもに対しては、我 - ソレではなく、我 - 汝の関係で接しなければならない、といった言い方をされることがしばしばあります。しかし、こうした言い方に含意されていることを、ブーバー自身が記述しているわけではありません。

ブーバーは、「根源語は、それが語られることにより、［語っている人間が生きることになる］現状(Bestand)を創り出す」(ID, S. 79, 六頁)、といいます。[1] このことは、私にとってすでにあらかじめ存在している汝やソレに対して、私が根源語を語りかけるのではなく、根源語を語ることによって、汝やソレが、私にとって初めて存在するようになる、ということを意味しています。ブーバーは、汝となれる領域として、自然と人間と芸術とを挙げていますが、そのいずれにおいても、他動詞の目的語として対象化されてしまうと、すべてソレになってしまう (vgl., ID, S. 80f., 七頁以下参照)、とみなします。

例えば、事物をソレとして経験することは、「事物からその諸特性に関する知識を取り寄せる」(ID, S. 80, 八頁) という仕方で、そのものの表面を捉えることにしかならない、とされます。ですから、第2章でサルトルに導かれて明らかとなった、認識によって意識を捉えることの不十分さや (本書三四頁以下)、或る具体的な人間を行動傾向や性質等の担い手とみなす実体論的錯覚と同様の事態が (本書七二頁以下)、ブーバーにおいてもみられることになります。ブーバーの場合にも、例えば、或る子どもの行動傾向や性格や、それどころかその子どもの内面の想い等を捉えることによっては、その子どもと我‐汝の関係の中に立つことはできないことになります。

あるいはさらに、自然に関しても、次のような生きいきとした記述によって或る樹木の在り方を描くことも、やはりその樹木との関係の中に立つことではなくなります。すなわち、「私が或る樹木を熟視するとしましょう。私はこの樹木を姿として受け取ることができます。つまり、陽光の跳ね返りの中で確固としてそびえている樹幹を、青く染まった銀色を基調とする [大空の] 柔和さが流れ込んでいる、はじけるような緑の葉を。私は、その樹木を運動として感じることができます。つまり、しっかりと固定しながらも躍動する髄に沿って流れている葉脈として、根っ子の吸収力として、葉の呼吸として、大地と空気との限りない交わりとして――そして日の目を見ることのない成長そのものとして」(ID, S. 81f., 一一頁) 樹木に思いを馳せることができます。しかし、こうした仕方で自然を描くことさえ、ブーバーによれば、樹木をソレとして経験対象とすることになる、とされます。

他方、「汝を語る者は、何らかのものを対象としてもつことがない」（ID, S. 80, 七頁）、とされます。ブーバーは、『我と汝』の多くの箇所で、汝を語る者は、汝との関係の中に立っている、ということを繰り返し強調しています。あるいは、「汝が私に出会われる」（ID, S. 85, 一七頁以下）とか、「汝が私に向き合ってくる」（ID, S. 129, 一〇〇頁）、といった表現を使って、我にとっての汝の在り方を記述しています。

ブーバーによるこうした記述から窺えるのは、我 - 汝の関係は、我の能動性の徹底的な排除によって可能になる、ということです。このことは、ブーバーが、「捜し求めることによっては、汝は見出されず、［我にはいかんともしがたい誰とも知られることのない者の」恩寵《おんちょう》によって汝が我に出会われる」（ID, S. 85, 一七頁）、といっていることからも、明らかになります。

そこで、こうした我 - 汝の関係がどのような在り方であるのかを具体的にするために、まずは、関係とは作用の及ぼし合いであることに関するブーバーの記述を追い、そのうえで、具体的な人間関係の中では我 - 汝の関係がどのような仕方で個々の人間に生きられるようになるのかを、探ってみたいと思います。

2　作用の及ぼし合いとしての関係

ブーバーの思索の端緒であると同時に、彼の思索の根底を成しているのは、関係とは相互性である、ということです。そして、我と汝との相互的な関係は、「私が私の汝に作用するように、私の汝は私に作用する」(ID, S. 88, 二四頁、vgl. S. 96, 三七頁以下参照) という仕方で生じる、とされます。つまり、ブーバーにとっての我と汝との関係とは、お互いに向き合いながら、作用を及ぼし合うことによって、我は我となり、汝は汝となる、ということです。それどころか、「汝において我となる［＝我が生成する］」、とか、「すべての現実的 (wirklich＝作用的) 生は出会いである」(ID, S. 85, 一八頁) と、さらには、「直接的な関係は［対面しながら］作用することを含む」(ID, S. 87, 二二頁)、等々といった言葉を駆使して、本当に現実的 (wirklich) な生は作用する (wirken) ことにある、ということを描き出しています。つまり、私が汝に何らかの作用を及ぼすことは、同時に、汝が私に作用を及ぼし返すことになる、とされます。

しかしここで注意しなければならないのは、こうした作用の及ぼし合いにおいては、いわゆる刺激と反応との時間的な連鎖が生じているのではない、ということです。つまり、一方が他方に作用を及ぼし、作用を及ぼされた者に何らかの変化が起こり、その結果、作用を及ぼされた者が、今度は、かって自分に作用を及ぼした者へと、作用を及ぼし返す、といったことが生じているのではありません。もしもこうしたことが生じているとしたら、例えば、「汝において我となる」といった言葉は出てこないはずです。この言葉や、『我と汝』で何度か繰り返される、「汝が私に出会われる」という言葉からは、相互的な関係の、次のような特質が窺われます。つまり、我‐汝の関係の中に立っている者に対して、何かが「身体的に迫ってきて、［その身体に］触れることにより、［作用を及ぼされている者に］関わってくる」（ID, S. 90、二八頁以下）、といったことが生じていることが窺われます。

そこで、こうした事態を、水の流れの比喩《ひゆ》を使って、筆者なりに、いくらかでも具体化しておきたいと思います。

かなり深い河底と広い河幅をもつ大きな河は、その水面に何ら抵抗物がなく静かにゆったりと流れている限り、その流れが何かを押し流す作用力を備えていることは、それを眺めている者にだけではなく、その流れに逆らうことなく、いわば身を委ねるように小舟を浮かべている人にとっても、直接感じられることはないでしょう。しかし、舟人は、例えばその流れに掉《さお》をさせば、自分が乗っていた小舟が、つまり自分自身が、河の流れの作用力をこれまで蒙っていたことを自分の身体でじかに感じると同時に、河の流れと自分との関係が実はどのようなものであったかを実感できるはずです。ですから、この時に初めて、河の流れに備わっていた作用力が、舟人にとって現実化されることになります。そして、この時にこそ、舟人自身も、自分に作用を及ぼしている河の流れに、作用を及ぼし返しているることになるわけです。

しかも、この時に生じている作用の及ぼし合いの相互性は、すでに述べたように、いわゆる刺激と反応との時間的な連鎖ではなく、私と河の流れがまさに一体となって生じていることになります。ですから、「私が私の汝に作用するように、私の汝は私に作用する」、という引用文における「ように」という言葉は、私の作用と汝の作用とは、同じものであるだけではなく、同時に生じている、ということを含意していることになります。

さらにまた、それまでは河の流れに身を委ねていたために、それと一体となって流されるがままに、いわばまどろんでいた私が、流れに棹をさすことによって強いられる自分の身体の動きにより、自分自身の存在を実感させられることになるはずです。そして、こうしたことが生じている時の事態を、ブーバーは、「汝において我となる［＝我が生成する］」、という言葉で記述しているはずです。ですから、「出会いの契機（Moment＝作用力）」は、「人間において何かが生起する」という仕方で現われる（ID. S. 101. 四七頁以下）、というブーバーの言葉の含意は、人間こそが、汝との出会いの場である、というところにあることになります。そして、上述の棹が私の身体の比喩であるならば、身体を備えているからこそ、何かが私に触れてきて、そこで作用の及ぼし合いが生じる、ということになるはずです。つまり、人間が関係の中に立つことは、「身体的に向き合うこと」（ID. S. 82. 一二頁）、になるわけです。

しかし他方では、上述の流れの比喩で典型的となるように、流れに棹をさすことによって、流れそのものは、すでに乱され、淀《よど》んでしまう、ということも同時に生じています。本書における感受性の襞《ひだ》の比喩を使えば、流れに襞が刻み込まれる、といえるでしょう。つまり、それ以前は、河の流れの作用力に身を任せていたため、それがあるがままに、流れと共に私を運んでいたその作用力は、私の身体によって、変化を蒙ってしまいます。と同時に、その作用力は、私の能動性によって対象化され、経験されることになります。ブーバーの言葉を使えば、それまでは汝であった河の流れがソレとなってしまうわけです。

こうしたことが我と汝との間で生じるため、ブーバーは、私たちの世界における各々の汝が、「ソレとならざるをえないことは、私たちの運命の崇高な憂鬱《ゆううつ》である」（ID, S. 89, 二五頁）、と見事に表現しています。

そこで、ブーバーの言葉に導かれて、流れに棹をさす比喩からえられたことに基づき、人間関係における我‐汝の在り方について、より具体的に探っていきたいと思います。

二人の人間が、お互いに身体的に向き合っている時には、例えば、一方の人間が他方の人間に語りかけ、他方の人間がそれに何らかの仕方で応えると、例えば笑顔でもって応えると、語りかけた者は、その笑顔に応じた仕方で、さらに何らかの働きかけをしなければならなくなります。そしてこのこと自体が、一方の人間の作用力が、すでに乱されてしまっていることを、そしてその作用力が対象化されたことを意味します。というのは、笑顔を返す以前の語りかけは、他方の人間から笑顔が返ってくるまでは、どのような応答に対してても対応できるようにと、いわば無限の可能性に開かれていたからです。また、語りかけた人間は、語りかけられた人間にとっては、その人間に対応すべき者として、対象化されてしまっているからです。

確かに、こうしたいわば友好的な関わり合いにおいては、両者の間にそれほど大きな問題が生じないため、通常は、こうした場合に生じてしまう、ブーバーのいうところの汝がソレとなってしまう、ということが気づかれることはほとんどないでしょう。しかし、例えばお互いに愛情で結ばれているはずの恋人同士の場合にも、いやむしろ固く結ばれているからこそより一層、一方の対応によって他方がより窮屈《きゅうくつ》になる、といった場合には、「応答はすべて汝をソレの世界に縛りつける」（ID, S. 104, 五三頁）、ということが起きているはずです。

状況が上述の場合とは逆に、いわば非友好的な場合には、ブーバーの述べていることが、より明確になるはずです。両者の間の人間関係がすでにかなり損なわれている時には、一方の人間の何気ない語りかけであっても、他方の人間に訝《いぶか》りや苛立ち等の感情を起こすことになります。例えば、「なぜあんなに暢気《のんき》にあの人は自分に語りかけてくるのだろうか」、といった猜疑《さいぎ》心《しん》を生み出したとしたら、語りかけられた人間は、語りかけた人間を対象化していることに、つまりソレとしていることになります。猜疑心に駆られた者は、例えば、多くの場合、語りかけた人間の性格や行動傾向やこれまでの二人の関係等を思い出すという仕方で、ブーバーの言葉で言い換えれば、語りかけた人間の諸特性に関する知識を、取り寄せるという仕方で、経験していることになります。その結果、相手からの作用をさらに蒙らないようにと、身を固め、相手の内面と深く関わらないように、それゆえ相手の表面しか見ないようになるわけです。

ですから、ブーバーも、「応答が激しくなれば、それだけより一層、その応答は汝をより強く縛りつけ、汝を対象へと呪縛《じゅばく》することになる」(ID, S. 104, 五三頁)、というのでしょう。そして、まさに「ここにおいて、関係という出来事の宿命が、最も暴力的に幅を利かせる」(ID, S. 103f., 五三頁) ことになります。

3 沈　黙

以上で探ってきたように、汝に対応することが汝をソレとしてしまうことから、ブーバーは、「汝に対して沈黙することのみが……形を成すことなく……声となることのない言葉でもって沈黙しながら待ち焦《こ》がれていることのみが、汝を自由にする」(ID, S. 104, 五三頁)、といいます。精神に当たるドイツ語の Geist や英語の spirit という言葉は、元来、息吹という意味を含意していたことからも窺えるように、精神は、一人の人間の内面に閉ざされているのではなく、むしろ身体から湧き出てきて、汝に作用を及ぼします。そして、そうした精神こそが、沈黙において、それこそ乱されることなく、人間味に溢《あふ》れたその作用力を十分に発揮できるのでしょう。ブーバーも、「精神が自らしゃしゃり出ることなく、［ただ密かに］存している、という抑制において」のみ、沈黙している私は、「汝と共に［関係の中に］立つ」（ID, S. 103, 五三頁）、といっています。

沈黙のこうした在り方について、ブーバー自身は、「分かち合う沈黙（das mitteilende Schweigen）」という表題のもと、幾分長くなりますが、次のように記述しています。

世界のどこか寂しい所で、お互いに隣り合って座っている二人の男を思い浮かべてみてください。彼らは互いに語り合わず、互いに見つめ合うこともせず、一度たりとも互いに向き合うことをしません。彼らは互いに親しい間柄でもなければ、他方の経歴について何も知らないのです。……一方の男は、そうすることが明らかに彼の流儀に沿っているので、何が起こっても余裕をもってすべてを受け入れられるようにと、もう一人の男と一緒にベンチに座っています。その持ち前の気分からして明らかに平静で、何が起ころうとゆったりとすべてのことを迎え容れる気持ちがみられます。……もう一人の男は、……控えめで抑制力のある人間です。しかし、彼のことを知っている人ならば、幼児じみた呪縛が彼に備わっていることを、彼の自制が彼の身構えとは異なっていることを知っています。彼の身構えの背後には、分かち合うことのできない、浸透しがたさが隠されているのです。ところがそれは一瞬にしてですが、……不意にその呪縛が解けるのです。しかし実際には、この時、この男は何か言葉を発することはありませんし、指一つ動かすわけでもありません。にもかかわらず、彼は何かを為すのです。どこからともなく、彼はそうするわけですが、それは、今や彼自身だけが手中にしている呪縛を自ら解くのです。……塞《ふさ》ぎ止められることなく、分かち合いが彼から流れ出てきますが、この沈黙の分かち合いが隣にいる男にもたらされることになります。分かち合いはこの男に向けられていたので、……隣の男はこの分かち合いを塞ぎ止めることなく受け入れます。……この時、隣の男はこの男について何を知るのでしょうか。知るということは、ここではもはや必要ではありません。なぜなら、人間同士の間で塞ぎ止めが支配してない所では、たとえ言葉がなくても、対話的な言葉が秘蹟《ひせき》的に生じるからです。(ZS, S. 175f., 一八八頁)

しかし、だからといって、沈黙において、言葉にならない言葉でもって分かち合いがいつでも生じるわけではありません。というのも、この引用文にも描かれているように、他者と分かち合うことを塞ぎ止めている呪縛は、自分の意志や欲求によって解くことができず、恩寵といった言葉でしか言い表しようのない、自分を超えた力によって、全く受動的に生じるしかないからです。しかし、こうした呪縛からの解放が、例えば精神病理学の領域において典型的な仕方で生じることは、精神病院の看護師であるゲルトルート・シュビングの次の記述から、十分に読み取ることができるはずです。

この記述は、非常に貴重な示唆を与えてくれるはずなので、やはり幾分長くなりますが、引用しておきたいと思います。


保護室四号に入ってゆくと、不気味な静かさと凍結したものに私は直面した。毛布の下にくるまっている人間の形をしたものがまだ生きているのだということを示すなんの物音も身動きもなかった。その病者の外界との関係のすべてはもう何ヵ月ものあいだ断たれたままで、その瞳は閉じられ、唇は沈黙していた。彼女は人工栄養によってのみ養われることが可能であり、最小限度の看護でさえたいへんな骨折りを必要とした。

……私は数日間いつも同じ時刻に三十分ほどベットのかたわらに静かに坐ることにしていた。三、四日の間は部屋の中は静かなままだった。そしてある日のこと毛布がほんの少しもち上げられた。二つの暗い眼が用心深く周りを見まわした。不安と深く傷つけられた人間のすがたがその中に在った。やがておもむろに顔全体が現われた。その顔は虚ろで仮面のように死んでいた。私は断乎として受け身の姿勢を持したが、そのことから安心感を得たのか、彼女は起きあがりまじまじと私を見つめ始めた。そして次の日あんなにも長い間、黙しつづけていた口が開かれた。「あなたは私のお姉さんなの？」と彼女が尋ねたのだ。「いいえ」と私が答えると、「でも」と彼女は先を続けた。「毎日あなたは私に逢いに来てくれたじゃないの、今日だって、昨日だって、一昨日だって！」（シュビング、一一頁以下）

シュビングのこの記述は、言葉にならない沈黙こそが、汝に能動的に対応するのとは全く異なる仕方で、他者にどれほど大きな作用を及ぼしうるかを、また、ブーバーが述べていたところの、「沈黙しながら待ち焦がれていることのみが、汝を自由にする」ことを、見事に描いてくれています。と同時に、人間は、ただそこにいるだけで、その存在でもって、その存在感を十分に醸し出す、ということも描かれています。

しかし、シュビングが実践したように、何日にもわたって沈黙を続けることは、実際にはそれほど容易なことではないはずです。というのは、沈黙を続けること、あるいは、「受身の姿勢を持」すことは、その間に自分に何が起ころうとも、それを自ら蒙ることを覚悟し続けなければならないからです。ですから、この時には、あらかじめもっている知識としての「予知」や、そうなりたいと願う「先取り」や、あるいはそれまでの経験の「記憶」といった「媒介」なしに、今ここで、という直接的な現在の真只中で、汝に対面することになります（vgl., ID, S. 85, 一八頁参照）。こうしたことからも、我‐汝の関係は、それこそ自分の全存在でもって生きられなければならないのでしょう。

すると、生きられた関係における汝は、そのつど何の脈絡もなく、それこそ突然現われてくるために、ブーバーのいうように、多くの場合、「信頼に足らず」、「絶えず新しく」、「持続性のない」、「見わたしえない」仕方で（ID, S. 100, 四六頁）、我に出会われることにもなります。ブーバーの以上のような思索を受け継いでいる対話哲学でよくいわれているのですが、他者は私の予想しえない仕方で私の不意をついてくる、という意味での他者の不意討ち的到来性とは、まさにこうした仕方での他者との出会いのことを述べているのでしょう。

4　ソレの世界

しかし他方で、対応することによって汝をソレとしてしまうことは、先ほど触れたように、私たちの運命の「崇高な憂鬱」なのでした。ですから、ブーバーは汝をソレとしてしまうことは、「囚《とら》われた不運」（ID, S. 114, 七二頁）ではなく、むしろ、「崇高な宿命」であり、私たち人間だけが、この崇高な宿命を実現できる、とします。というのも、対応することにより、汝を対象としてソレへと拘束してしまうことは、確かに「人間の憂鬱」でしょうが、同時に、「人間の偉大さ」でもあるからです（ID, S. 104, 五三頁）。汝との関係を生き続ける限り、不意討ち的到来性に伴う、汝との関係の直接性と不安定さによって、人間の在り方が定まらなくなってしまいます。ですからブーバー自身も、汝がソレの世界へと縛り付けられることによって、「生きている者の中心に……知識が生成してくる」（ID, S. 104,

五四頁）、ともいいます。

すると、作用し合う生きられた関係から「ソレへと生成されたもの」を、「ソレであるがままに放置しておく」（ID, S. 105, 五五頁）ことにより、ソレの世界を「勝手にのさばらせる（walten lassen）」ことが、「忌むべき悪」（ID, S. 108, 六二頁以下）となるわけです。このことは、ことさらブーバーの言葉を待たなくても、技術化や、人類の知的遺産である諸知識等のおかげで、自分の在り方をより安定したものにすることが私たちに可能となる以上、誰にでも頷けることであるはずです。あるいは、過去を思い出したり、未来を予想することによって、直接的な現在を抜け出し、直接的な作用の及ぼし合いから自分の身を護り、持続性を備えた、見渡しのきくソレの世界を、安心して生きることが可能となります。

ただし、ソレの世界をただ経験するだけとなり、ソレを利用したり玩《もてあそ》ぶような主体として、ソレを自由に処理すること(2)（vgl., ID, S. 98, 四一頁参照）。つまり、他者自身や他者によって生み出されたものを、自分勝手に利用すること。ソレの世界に備わる因果律に囚われてしまい、ソレの世界がそこから生成してきた生きられた関係を忘却してしまうこと。つまり、汝とのかつての関係を無視し、我 - 汝の関係を因果関係とみなすこと。その結果、人間はソレの世界を征服していると自負しているにもかかわらず、実はソレの世界に特有の「空間 - 時間的因果律連関」に支配されてしまうこと（ID, S. 98, 四二頁）。本来は、汝への対応が汝をソレとしてしまうにもかかわらず、因果的な法則に従って汝に対応してしまうという仕方でのみ、人間的なつながりを求めてしまうこと。以上のことによって、自然や人間や芸術を歴史的世界として創造する「自由」が人間自身に塞がれてしまうこと（vgl., ID, S. 117, 七八頁参照）。こうしたことが、忌むべき悪となるわけです。

以上で述べてきたことからすれば、一個の人間として「関係の中に立つ者」は、作用することを生きることはできても、作用することとしての「現実性と、つまり当の作用と関わっていても、……この作用を所有することはできない」（ID, S. 120, 八四頁）わけです。私たち人間にできることは、例えば上述したような沈黙において「生起していることが、存在そのものとしてその人間自身の身の上に生じる」（ID, S. 100, 四五頁）ようにすることだけでしかありません。要するに、関係を自ら生きることしかできません。

そして、こうした「関係への努力」（ID, S. 96, 三八頁）によってこそ、ソレによって「埋めふさがれた……関係の力」が復活するはずです（ID, S. 159, 一五八頁）。ブーバーの比喩を使えば、「再び新たに［蝶として］羽をつけて舞い上がるには、すべての個々の汝は、［一旦］ソレという蛹《さなぎ》に包み込まれなければならない」（ID, S. 145, 一三三頁）わけです。あるいは、「各々の関係という生起は、人間に対し［この関係を］充実させる生起を垣間見させるような一つの停車場である」（ID, S. 131, 一〇五頁）しかなく、最終目標ではないことになります。

するとここにおいて、ブーバーにおいても人間関係に深さの次元があることが明らかになります。

例えば水の流れに棹をさすという比喩からも明らかとなるように、いまだ実現されてもいなければ対象ともなってもいないという意味で、潜在性（Latenz＝隠蔽性）のままに留まっていたところの、あるがままの関係の作用力は、実感として感じられるほどに現実化されると同時に、ソレとなるわけです。ですから、実感されたものは、汝がソレとなったものであり、潜在性のままに留まっていた生きられた関係の上に築かれたものでしかありません。そして、他者関係においても、こうした潜在性の次元が、現実の他者関係をその根底において支えていることになります。ですから、関係への努力において、例えば沈黙し続けることによって、潜在性の次元で生じていることを、自分自身の身の上に生じさせることは、生きられた関係の生起を、その精神の息吹と共に垣間見ることでもあるわけです。それゆえ、こうした息吹を感じられるようにと、潜在性の次元で生じていることを自分の身の上に生じさせることは、生きられた関係の生起を豊かに感受することになるはずです。

そこで、次に、一個の人間としてこうした関係の生起を身の上に生じさせるような他者関係とは、どのような関係であるかを、対話を例にして、探ってみたいと思います。

5 汝の光の中で生きること

ブーバーは、「語り」と「応答」、あるいは「話しかけ」と「返答」という二面性を備えた対話において、二人の人間が「対面することが、汝の完全な現実性へと開花する」（ID, S. 148, 一三七頁）、といいます。つまり、人間同士が心身共に向き合うことが、汝との関係をお互いにとって現実的なものにしてくれるわけです。しかし、現実性へと開花することも、やはり汝を対象としてソレとするのですから、ここでも、人間の崇高な憂鬱といった事態が生じていることは否めないはずです。しかし、まさにそうであるからこそ、人間間の対話が、以下のような仕方で可能になります。

お互いに身体的に対面し、相互に対応し合いながら対話を現実のものとすることにより、それまでは潜在的であった我‐汝の生きられた一体性は、打ち破られ、その作用力が私によって蒙られていただけの汝は、私から隔てられることになります。しかし、まさにこのことによって、汝は、我とは異なる人間として「人格化（Personifizierung＝人称化）」され、その結果、異なる人間間での対話が準備されることになります（ID, S. 97, 三九頁）。というのも、関係を生きている人間が相互に隔てられ、「個別化」されているからこそ、「異なる者同士が相互に認識し合うこと」が可能になると同時に、相互に他方を「完全に認識することも［他方から］完全に認識されることも」不可能になる（ID, S. 145, 一三三頁）、という人間間に固有の対話が生じるようになるからです。

このことは、例えば、ブーバー自身が述べているような、「誕生以前の子どもの生は純粋な自然的結合である」（ID, S. 94, 三五頁）というその一体性のため、そこにおいては対話が実現されない場合や、あるいは日常的にもよく知られているように、例えば宗教的忘我の状態で多くの人間が感情的一体感に陥ると、それらの人間間でも、やはり対話が生じえないことと対比すれば、容易に理解できるはずです。

ですから、身体を備えた人間同士が関係するためには、お互いに相手を自分から隔てることが必要になるはずです。そして、ブーバーによれば、「人間は［他の］人間を自分から隔てて自立化させる」が、「人間のみが、人間そのものとして、自分と同じ者との関係に入ることができる」（UB, S. 419, 一九頁以下）、とされます。

ただ、この際に重要なことは、そうすることによって、自立化された他者をソレのままに放置し、私の経験対象とし、その他者を利用することによって、あるいは認識によりそのすべてを捉えられるような他者とみなすことによって、それどころか、好意的であろうと非好意的であろうと、他者に対しあまりにも過度に作用を及ぼすことによって、その他者の自立性を奪ってはならない、ということです。つまり、私とは異なるだけではなく、私にとっては完全に認識しえない在り方をしているという意味で、他者の「他者性を受容すること」（UB, S. 421, 二二頁）が求められることになります。

こうしたことが求められる以上、他者に対するシュビングの沈黙がそうであったように（本書一〇八—一〇九頁）、他者に対する「無為（Nichttun＝何もしないこと）」（ID, S. 120, 一〇一頁、S. 152, 一四五頁）、あるいは「完全な受容」（ID, S. 130, 一〇二頁）が求められるのかもしれません。

しかし、こうした無為や完全な受容は、看護師として、精神の病に苦しんでいる人間と関係することをシュビングのように自分の生業《なりわい》としていたとしても、それこそ職業的な義務感を超えた、いわば無償の愛を他者に捧げられることができるような人間には可能でしょうが、誰にでもできることではないはずです。というのも、生きられた関係が相互的である以上、他者が私から隔てられることによって自立化されるように、私自身も、他者によって他者から隔てられることによってのみ、自立化させてもらうしかないからです。ブーバーも、他者の中でこそ、「自分の最も内的な自己生成」が引き起こされる（UB, S. 423, 二六頁）、といっています。自分自身を「存在している者として意識する」ためには、自分を他者と「共に存在している者として意識する」（ID, S. 121, 八五頁）ことができなければならないわけです。

このことをブーバーは、「人間は、密かにそしておずおずと存在許可の肯《うべな》いを待ち受けている、……人間は自分の存在という天来の糧《かて》を相互に渡し合う」（UB, S. 423, 二六頁）、と比喩的に述べていますが、この比喩は文字通りに受け取られなければならないでしょう。というのも、私たちの誰でもが、自分の存在を他者に承認してもらうことがなければ、それこそ安心して生きてはいけないはずだからです。ですから、日常生活において、他者関係に大きな問題を抱えておらず、何事もなく経過していく日常生活それ自体が、実は身近な多くの他者の肯いによって支えられていることに、つまり、他者からの有形・無形の支えが日常生活の根底に深さの次元として控えていることになるわけです。そして、こうした支えに敏感になることが、私にとってのそうした他者のいわゆる「ありがたさ［＝かけがえのないほどの在り難さ」」への感受性を育んでくれるのでしょう。

親しい他者によって自分の存在を肯って欲しいことを、第1章第2節で引用したブランケンブルクの患者であるアンネが（本書一五頁）、次のように語りだしてくれています。つまり、一方では、「私のお母さんの場合、お母さんが私に言うことはみんな、お高くとまっているように聞こえるのです」、とか、「一生懸命努力するのは、お母さんと肩を並べられるようになるためなのです」、と言いながらも、同時に他方で、「お母さんが来てくれると、それだけでもう意味があるのです」、と（Blankenburg, S. 118, 一九四頁以下）。一見すると矛盾するようにみえてしまうのですが、アンネのこれらの言葉からは、次のことが窺われます。つまり、ブーバーがいうところの、他者に対応することは、この場合は、母親がアンネに対応することは、アンネの自立性を奪いかねない、ということがまず窺われます。

しかし、このこと以上に重要なことは、アンネが母親から受容してもらいたい、承認してもらいたい、ということを切に願っていることです。このことを、アンネはよりはっきりと、「お母さんが自分の『うしろに（hinter）』いてくれると、とても助かります」、という言葉で語りだし、自分に必要なのは、「後ろからの支え（Hinterhalt）」である、ということを強く訴えています（a.a.O., S. 96, 一六〇頁）。

他者関係が彼女ほど由々しく損なわれていない場合には、これほど切実には感じられないでしょうが、以下で述べるように、安心して生きていくうえでは欠くことのできない、こうした後ろからの支えを彼女が切に願わざるをえないのは、ブーバーのいうように、私は他者から隔てられることによって、私の自立性を獲得するしかないから、あるいは実感するしかないからです。

ですから、ブーバーがいうところの私たちの運命の崇高な憂鬱は、ここにも現われています。つまり、一方では、生きられた関係において他者に自分を支えて欲しいのに、他方では、自分の自立性を確保したり、実感するためには、他者から隔てられていなければならなくなるわけです。寒さからお互いに身を護ろうとして、体を寄せ合おうとすると、自分と他者を共に傷つけることになってしまうという、ショーペンハウアーによるヤマアラシのジレンマの比喩も、第2章第3節五で引用したサルトルも述べていたような（本書八六頁）、人間関係におけるこうしたアンビヴァレント（対立感情並列的）な在り方を描いているのでしょう。

しかし、本来、人間はこうしたアンビヴァレントな在り方をしているために、自分の存在許可の肯いを、密かにそしておずおずと待ち受けるしかありません。他方、アンネのように、他者関係が大きく損なわれている場合には、こうしたアンビヴァレントな自分の在り方を、自分自身で制御できなくなり、自分の拠って立つべき心の居場所をえられなくなると同時に、それこそ自然な仕方で、自分の存在許可を待ちわびることができなくなるのでしょう。そして、まさにこのことによって、精神の病に苦しんでいる者の他者関係をより一層悪化させる、といういわゆる悪循環が生じる、と考えられます。

他方、他者関係において、さほど大きな問題を抱えていない者にとっては、信頼している他者が自分の後ろからの支えとなってくれることは、大きな安心感を与えてくれるはずです。例えば、砂場で一人で遊んでいる子どもにとっては、親が後ろに居てくれるだけで、安心して遊ぶことができます。こうしたことは、確かに、シュビングの場合のように、沈黙が劇的な仕方で他者の心を開かせる、といったことに比べると、ことさら取り上げるほどのことではないようにみえるかもしれません。しかしそうであるからこそ、何気なくなされる完全な受容が、他者の存在許可への肯いとして、あるいはいわゆる温かい眼差しとして、毎日繰り返される人間関係の安定した基盤を育んでいくことになるはずです。その結果、例えば子どもは、これまでの生き方をこれからも続けていくことに、安心感をもって臨めるようになるはずです。

他方、子どもの存在を後ろから支えるのではなく、いわば子どもの前に立って、子どもたちを力ずくで前へと引っ張ってくるような子育てや教育（Erziehung＝引っぱること）は、確かに時には必要なのでしょう。しかし、そうすることは、子どもたちの存在を受容することではありません。そうすることは、ブーバーの言葉を借りれば、子どもをより強く縛りつけ、子どもを親のいうままになる対象へと呪縛することになり、例えば「子どもの将来のために」という名目で、子どもに対し暴力的に振舞うことになってしまいます。

以上で探ってきたように、生きられた関係においては、作用を及ぼし合うことに必然的に伴う人間の運命の崇高な憂鬱のため、身をもって他者と対面することにより、初めて、様々な人間関係が現実的なものとして、人間自身の身の上に生じることになるのでした。ですから、他者と対面することなく、「自分自身に対面することは、……相互に対面し合うことではありえず、ただ、「自分に対立するという意味での」自己‐矛盾（Selbst-Widerspruch）でしかありえない」（ID, S. 125, 九四頁）、ということになります。

こうしたことをふまえて、ブーバーは、「私がその人に向かって汝と呼んでいる人間が、……そのことにたとえ気がつかなくても、関係は成立する」（ID, S. 83, 一五頁）、といっているのでしょう。例えば、私が、夜毎、愛《いと》おしい人への想いを抱いていても、あるいは激しい憎しみを増長させていても、このことだけでは、その人への想いは、決して現実的なものとはならず、多くの場合そうであるように、様々な矛盾した想いが心の中を駆け巡《めぐ》るだけでしょう。ところが、或る日、そうした想いを当の相手に打ち明けたり、たたきつけると、それは一気に、取り返しのつかない現実のものとなります。しかも、そうした想いを相手がどう捉えるかにかかわらず、私の想いを口にした瞬間に、つまり相手の反応を待つことなく、私は一気に、何らかの感情に、例えば、こんなことは口にすべきではなかった、といった激しい後悔や自責の念に囚われてしまうこともあるはずです。このことは、ブーバーのいうように、相手がたとえそのことに気づかなくても、相手に対する私の作用が私自身に大きな作用を蒙らせる、ということを、つまり、相手の反応如何にかかわらず、生きられた関係が私の身の上に生じる、ということを意味します。

自分の振舞いによって相手がどのような気持ちになるのかに敏感になることが、いわゆる相手の気持ちに対する感受性を高める、ということはよく言われていることです。しかし、以上のことからすれば、それだけでは全く不十分であることになります。というのは、相手の気持ちを察することは、その相手との関係を生きることから一旦身を引くことでしかないからです。さらには、私の振舞いが相手にとってどのような意味をもっているかは、相手のいわゆる寛容力や、それまでの二人の関係等に依存しているからです。他方、ブーバーの上述の言葉からすると、相手の気持ちや寛容力に依存することなく、自分の振舞いによって自分自身が作用を蒙ることを介して、自分の振舞いに敏感になれば、それだけより一層、関係は生き生きとしたものになるはずです。そして、こうした仕方で他者に対面することが、私の感受性を豊かにしてくれるのではないでしょうか(3)。

ところで、他者に対する完全な受容は、私が沈黙し続けたり、他者に対する私の振舞いに自ら触発されることによってのみ可能となる、ということではないはずです。というのも、確かに、時間的にはたとえわずかであっても、対話のように、相手の話を聞いている時には、その間だけでも、私たちは沈黙することができるからです。それどころか、以下で、対話哲学とフッサールの他者論とをつなげようと試みている、ベルンハルト・ヴァルデンフェルスとミヒャエル・トイニッセンに導かれることにより、話し手として対話を生きている時にさえ、私たちは他者に対して何もしないでいることができます。そこで、次に、こうしたことが可能となるような対話とはどのような対話であるかを、探っていきたいと思います。

6　人間間の対話

対話においては、一見すると、話し手が能動的に考えたり振舞ったりしており、聞き手は受動的である、とみなされがちです。しかしながら、例えば、すでに何度も話したことを、それこそほぼ同じ言葉で繰り返している時には、話し手は能動的に考えている、とはいえないはずです。他方、そうした話であっても、その話を初めて聞いている人が、当の話の内容について考えているならば、話し手よりも聞き手の方が能動的に対話を生きていることになります。確かに、話すためには声を発しなければならないことから、また、聞く時には、多くの場合、自分の身体を動かさないため、話すことが能動的で聞くことが受動的、とみなされてしまうようです。しかし、私たちの日常的な経験からも感じられるように、夢中になって話している人はそれほど疲れを感じないのに対し、他者の話を集中して聞くことによって、私たちは非常に大きな疲れを感じるはずです。こうしたことからも、話すことが能動的であり、聞くことが受動的である、とは必ずしもいえないことが明らかになります。

それどころか、例えば命令やお願い等によって、自分の想いを他者に実現してくれることを他者に要求するのではなく、自分が話していることを、それどころか命令やお願いを他者がどのように受け取るかを他者に託す時には、話し手は、たとえ能動的に話をしていても、他者の対応に対し受動的にならざるをえなくなります。例えば、「そこにある本を取ってくれる?」、といった他者に対する私の願いが、他者に受け入れられるのか、あるいは拒否されるのかがあらかじめわからないまま、その願いを口にする時には、聞き手の対応を私が制御することができないため、他者の対応に対し私は受動的にならざるをえません。それどころか、例えば、「ちょっといいですか」、といった呼びかけに対してさえ、他者がこの呼びかけに応えてくれるかどうかが不確かな間は、やはり他者の対応に対して、呼びかけた者は受動的にならざるをえません。

こうしたことをふまえ、トイニッセンは、他者が私に対応することは、「私の無為(mein Nichttun=私が何もしないこと)」であり、その対応を私が「蒙ることである」、としています(Theunissen, S. 321)。ですから、こうした構えで対話を生きている時には、「私がしたことが、同時に私の身に降りかかる」(a.a.O., S. 324)ことになります。まさにブーバーが述べているように、「本当の対話をすることは、つまり人間間の関係を具体的で現実的な仕方で充実することは、他者を受容すること」(UB, S. 421, 二二頁)になるわけです。

こうした構えをもって対話を生きている限り、他者は、私の望み通りに制御できる人間ではないどころか、むしろ、「私は私自身を他者に引き渡す」(Theunissen, S. 297)ことになります。その結果、他者は、私には予想もつかない仕方で、不意討ち的に私に出会われてくることになります。また、この時の私は、私の過去の経験を頼りに他者の対応を捉えるのではなく、予想のつかない未来へと向かって開かれていることになります。最近では、そうしたことをする人はほとんどいないのでしょうが、愛おしい人へと想いを巡らしながら恋文を書いている人の心の中では、あるいはそれを投函した後のその人の心の中では、自分自身を他者に引き渡すことが典型的な仕方で生じているのではないでしょうか。

さらには、話し手が、例えば以上のような構えをもってたとえ或ることをお願いしても、聞き手がそれを命令として受け取ってしまえば、そうした受け取り方も他者の対応の一つとみなし、その対応を蒙るならば、話し手の行為は、実は、聞き手の対応から切り離されえないことになります。それどころか、呼びかけでさえ、その呼びかけに他者が応えてくれた時に初めて、それが呼びかけに、あるいは当の言葉を発した人を呼びかけた者にしてくれることとなります。ですから、次章第２節で、メルロ‐ポンティから学ぶことになりますが、ここでも、私の対話行為は、それ自体として完成したものではなく、他者の対応によって補われる（vgl., Waldenfels, S. 142）ことになる、ということが明らかになります。

対話においては、私が何もできないために、私のしたことが私の身に降りかかる、といったこと、それゆえ、他者が不意討ち的到来として私に出会われてくることは、上述したような、呼びかけや私の願いを他者に委ねる、といった場合にだけ生じるわけではありません。何らかの判断を伝えたり、何ごとかについて論述している時でも、その時の話し手が上述の構えをもって対話を生きているならば、それらの判断や論述をどのように理解したり捉えるかは、他者に委ねられることになります。それゆえ、やはり話し手は、能動的に判断したり論述している間も、同時に受動的に、未来へと開かれ、聞き手の対応を不意討ち的に蒙る、という仕方で、話し手の判断や論述が他者の対応を介して話し手の身に降りかかることになります。

ですから、判断を伝えたり論述することとは、それらを表現している言葉の概念的意味や判断や論述の内容等を聞き手に伝えているだけではないことになります。そのことと同時に、話し手自身や話し手の対話行為や聞き手への想い等に対応してくれるようにと、聞き手を「喚起する」（a.a.O., S. 261）語りかけでもあることになります。そして、呼びかけにおいて典型的となる、対話の相手に対する受動性が、判断や論述においても、対話を生きいきとした人間味溢《あふ》れる豊かなものにしているはずですから、対話の深さの次元となっており、こうした深さの次元に敏感になることが、対話における感受性を豊かにしてくれるのでしょう。

対話において、以上で探ってきたことが生じているならば、ブーバーに導かれてすでに探ったように、話し手も聞き手も、自分自身に対面したり、過去の体験を拠り所にする場合に典型的となるような、自分だけに閉じ込められた世界を生きることはできなくなります。むしろ、他者によって自分の対話行為を補ってもらったり、自分自身を他者に引き渡し、自分の未来を他者の対応によって不意討ち的な仕方で実現してもらう、といったことが生じることになります。そのため、時には、他者は、それまでは安定していた私の生を「ぐらつかせ、満足よりも問いを後に残し、安心感を揺り動かす」(ID, S. 101, 四八頁)、といったことも生じるでしょう。そして、問いを後に残し、安心感を揺り動かされることにより、私の心には襞が刻み込まれることになるはずです。

しかしそうした時も含め、自分の閉鎖性から「解き放たれる」ことは、まさにブーバーが、「汝は天空を満たし、すべての他のものが汝の光の中で生きる」(ID, S. 83, 三二頁以下、S. 130, 一〇三頁)、と述べているように、他者によって私の世界を豊かに彩《あや》どってもらうことになるはずです。ですから、この時には、自分の意志や主体性によって他者や世界に対し過度に作用を及ぼすことなく、むしろ、「すべてのものに対する心の平静（Gelaasenheit)」(ID, S. 131, 一〇六頁) を保てるはずです。

実際、私たちも、自分が畏敬《いけい》を抱いている人の前では、その人が語りだす一つひとつの言葉によって、自分の世界が明るくなったり、未来が開かれ、その未来の光によって現在の世界がより輝きを増してくる、といったことを時には経験したことがあるのではないでしょうか。それどころか、この景色やこの食事はあの人と一緒に体験したかった、といった想いに駆られたりするのも、同じことを指しているはずです。

以上本章では、身体的作用の及ぼし合いと他者関係における人間の在り方と、この関係への感受性について探ってきましたので、次章第1節で、今度は、身体と世界や世界内の物の現われについて、メルロ‐ポンティから学びたいと思います。そのうえで、日常的な対話が言葉を介して営まれることが多いことから、第2節では、言葉について探りたいと思います。そして、ブーバーにおける対話的人間関係とは異なる仕方で他者と共に存在することについては、第6章でフッサールを導きとして、探っていきたいと思います。

注

(1) ブーバーのドイツ語原典の引用は、すべて全集版からとしますが、『我と汝』はID、『対話』はZS、「原離隔と関わり」はUBの略記号でもって引用箇所と邦訳書の頁を指示することにします。

(2) ブーバーにおけるこうした在り方をしている主体は、第2章で導きとしたサルトルのいうところの認識主体とかなり近い在り方をしていることは、両者が、人間を実体と捉えることを拒否することによって、絶えず変化を蒙る在り方を具体的な人間の本来の在り方とみなしている、ということからも窺えます。

(3) 自分の振舞いによって自分自身が作用を蒙ることについては、自己触発に関して、第6章でフッサールと共にさらに詳しく探ることにします。

第4章

身体の感受性について
メルロ＝ポンティから学ぶ

前章では、ブーバーの思索に導かれて、我と汝という人間関係においては、身体が非常に重要な役割を担っていることが明らかにされました。そこで本章第1節では、私たちの身体に関するモーリス・メルロ＝ポンティの記述の中から、本書の課題にとって示唆的な部分を特に取り出しながら、私たちの身体が感受性とどのように関わっているかを探りたいと思います。というのも、メルロ＝ポンティは、私たちの身体と世界との密接な関係を、特に世界内の諸物を見ることに関わらせて、ふだんは気づくことのない深い次元で、明らかにしてくれているからです。また、メルロ＝ポンティは、言葉の問題を身体と関わらせて解明しているので、第2節では、言葉のいわゆる概念的意味の根底に潜んでいるところの、身体と言葉との密接な関係からも、身体の問題に迫っていきたいと思います。そのうえで、第3節では、他者関係を身体の観点から探ってみたいと思います。

１　身　体

ドイツ語には、日本語の体や身体に当たる言葉として、ケルパー（Körper）と、日常語としてはやや古い感じを与えるライプ（Leib）という言葉があるため、現象学では、いわゆる物体として捉えられる身体をケルパーと、他方、物体としては捉えられない、現象学の言葉を使えば、生きられた身体と呼ばれている身体をライプと表現し、身体の二重の在り方を区別します。そして、人間の身体をライプとして捉えないと、私自身にとっての私の身体は捉えられない、とされます。ところが、後に詳しく探りたいと思いますが、ライプとケルパーはそれほど簡単には分けて捉えられません。しかし、このことを考慮しながらも、まずは、ライプとしての身体に着目してみたいと思います。というのも、そうするだけでも、私たちの身体は、本書で問題とする深さの次元を備えていることが明らかになるからです。

身体が、こうした二重の仕方で捉えられるだけではなく、捉えられなければならないのは、日常的に普通に生活している限り、身体は私たちのすべての活動を可能にしてくれるにもかかわらず、それとしてことさら意識されていないからです。このことは、病気になったり、身体が傷つけられたり、自分の思うように動いてくれない時等に、自分の身体が自分自身に際立ってくることからも、よく知られていることです。自分の身体は、それがうまく機能している時には、私と一体となっているため、私には気づかれることがないのに、それが私をいわば裏切る時に、私にとって身体が実はどのようなものであったのかが捉えられることになります。このことは、私の身体がうまく機能している時には、私にとって身体がどのような在り方をしているのかを、直接捉えることができない、ということを意味しています。

ですから、いわゆる科学的な研究は、本人には直接捉えられない身体の機能を、いわゆる第三者の立場から、私たちに示してくれるのでしょう。しかし、そうして提示された自分の身体は、生きられたままの身体として機能しているのではない、ということは明らかです。あるいは、自分の身体がどのようなものかを直接捉えようと、例えば自分の身体を鏡に映して観察したり、自分の行動をヴィデオにとって後からそれを見てみれば、誰でもが感じるように、そこに映し出される自分は、確かに自分でありながらも、どこか自分ではないような奇妙な感覚に襲われるはずです。ですから、こうした感覚が、身体における深さの次元を、つまり、身体を捉えようとすると、捉える眼差しから自分の身体が逃れてしまう、という人間の在り方の固有性を示唆してくれることになります。そして、身体の自分自身にとってのこうした在り方は、まさに第2章でサルトルに導かれて探った意識の在り方と同様、身体もまた、それを捉えることにより微妙に変化してしまうという二義性を備えている、ということを示しています。

そこで、以下では、こうした捉えがたさに潜んでいる身体の在り方を探るために、まずは眼で何かを見ることについて探ってみたいと思います。

一　見ること

自分や他者の心の内を見る、といった広義の意味ではなく、自分の眼で自分の周りの世界内の事物や風景を見る場合にも、メルロ‐ポンティの記述から、見ることに関し、いわゆる豊かさや貧しさ、深さや浅さ、といった次元のあることが明らかになります。

例えば、スライドで或る物の像を見ている場合とは異なり、実世界の中で或る物を見る場合には、その周りにあるすべての物を視野の周辺に保ったまま、いつでもそれらの内の一つに視線を向けることができる、という状態で、視野の中心部に在る物を見ることになります。「対象をよりよく見るためには、その周囲を眠らせておくことが必要である」（p. 81，一二六頁）、というメルロ‐ポンティの言葉は、こうした事態を見事に表現しています。[1]　つまり、私の世界内の特定の対象をよく見るためには、それに注視すると同時に、それ以外の対象が私に際立ってこないようにすることが必要なわけです。このことは、私の世界内の諸対象は、私にとって同じ仕方で存在しているのではない、ということを意味しています。私の世界内の「諸対象は一つの体系を創りあげていて、その体系内では、他の諸対象が隠されていることによって、或る対象が現われてくることができる」（p. 82，一二六頁）わけです。

ですから、こうした世界内で自分の身体を動かすことは、例えば、「私が自分の家の中を移動する時、浴室の方へと歩いて行くことは寝室の近くを通ることを意味し、窓を眺めることは暖炉を左側にすることを意味するということに、私は一気に、しかも何も言わないまま、気づいてしまっています。そして、この些細な世界の中で、どんな所作《しょさ》（geste ＝身のこなしと表情）もどんな知覚も、無数の潜在的座標に対して直接的に位置づけられている」（pp. 150-151, 二一九頁）ことになるわけです。

以上のことは、物を見る場合に私たちのいわゆる注意力に応じて、その物の細部の見え方が異なる、ということだけを意味しているのではありません。その物が周辺の諸対象から際立っていることは、際立っている物と周辺の諸物とが私にとって異なる仕方で存在している、ということを意味しています。ですから、或る物が在るべき所にないと、例えば、一輪のタンポポがアスファルトの道路の一角に咲いているのを見た時には、そのタンポポの在り方にそぐわないことを感じ、こうした感じから、タンポポの生命力の強さや健気《けなげ》さといったことが、感受性豊かに捉えられたりするのでしょう。そして、こうした感じを抱けるかどうかにより、或る物から捉えられることは異なってくるはずです。メルロ‐ポンティのいうように、「眼差しが物に問いかける仕方や、それが物の上を滑っていくか、その上に眼差しを据えているかどうかという、その仕方に応じて、眼差しが物から得るものが多かったり少なかったりする」（p. 179, 二五四頁以下）、ということになるわけです。ですから、メルロ‐ポンティの記述しているような仕方で、私の眼が物に対してどのように問いかけるかに応じて、感受性の豊かさの程度がすでに決まっていることになります。

したがって、私の世界内の諸対象が一つの体系を創りあげていることは、私の側のいわゆる主観的構えによって物の見え方が異なる、ということを意味しているだけではないことになります。さらには、世界の側でも諸対象そのものが或る体系を創りあげていることを、メルロ - ポンティは、次のように表現しています。例えば、「或る家はその家の水道管や、その家の地盤を持っていますし、もしかしたら、天井の厚みの中で密かに増大しているその家の亀裂を備えているかもしれません。確かに、こうしたことは、私たちには決して見えないのですが、しかし、その家は、私たちにも見えるようなその家の窓や暖炉と同時に、そうしたことを備えているのです」(p. 84, 一三〇頁)、と。そして、私には見えないこうした側面も、その気になりさえすれば、誰かに見えるようになる可能性を備えているわけです。すると、私の世界内の個々の物は、いわば、お互いに他の諸物に対してその物の或る側面を指し示していたり、隠したりしている、といえることにもなります。そして、物同士の間でこのように他の物を指示したり隠したりしていることが、世界の側での体系を創りあげているのですから、世界の側のこうした体系が、私に直接見られている物の深さの次元を成していることになります。

このことからすると、私の眼が或る物をよく見ることは、その物が他の諸物によって見られているかのように、私が当のその物の位置している場所にあたかも居ることと、メルロ - ポンティの言葉を使えば、「対象を眼差すことは、対象の内に深く入り込むこと(s'enfoncer)である」(p. 82, 一二六頁)、と言い換えられるはずです。あるいは、後期のメルロ‐ポンティにとって重要な言葉となる、「住まう（habiter）」という表現を使えば、「或る対象を見ることは、その対象の中に住まいに来ることであり、そこから他のすべての物を、それらの物がその対象の方へと向けている面に従って捉えることである」（p. 82, 一二七頁）、と言い換えられるでしょう。

ですから、対象の内に住まうことは、それまでは私の視点からしか捉えられなかった物についての経験を超える、ということを意味しています。メルロ‐ポンティのいうように、「自分自身の現実的な経験の限界を私に超えさせてくれて、その結果、私たちの経験は、或る未知の存在へと押しやられる」（pp. 84-85, 一三一頁）、ということになります。

このように、見ることにおいては、私の身体と世界内の物の現われとが或る体系の中で密接に関わっており、こうした関わり合いの中で両者が相互に作用を及ぼし合いながら、それぞれが変化していくことになります。メルロ‐ポンティは、こうしたことが生じている時の知覚を、「表情の知覚（perception physionomique）」と呼び、次のように述べています。「主体と客体とのこうした対話が、つまり、客体の中で散乱している意味の主体による捉えなおしと、主体の意図の客体による捉えなおしとが、表情の知覚なのですが、こうした知覚が、主体に対して自分自身のことを語る一つの世界を主体の周りに整備し、主体自身の思想を世界の中に据えつけるのです」（p. 154, 二二三頁）、と。ですから、そうした世界から身を引いて、物の外観をただ見やるのではなく、その物が私の世界内でその他の諸物によってあたかも見られているかのような仕方で、その物の内に住まうことは、私と物との間で相互に意味が移し入れられることになります。

例えば、机の上に置かれている二〇センチのプラスチック製の定規は、それでもって或る物の長さを測るためだけに、私にとってそこに存在しているわけではありません。私が読書を途中で中断しなければならなくなったのに、私の視野の周辺部に栞《しおり》がなければ、その定規は、読みかけの部分に栞を挟むという私の意図を、定規を代わりに使うという仕方で、私自身に捉えなおさせてくれます。この時には、それまでは長さを測る道具であった定規が、栞という意味を備えることになります。このことは、定規の側から述べれば、その定規はその本の間に挟まれるような仕方で、あらかじめ私の世界内に配置されていた、ということになります。あるいは、本の側から述べるならば、その本は、その定規によって挟まれる側面を定規によって眺められていた、ということができるでしょう。

同様のことは、私の世界内のほとんどすべての物についてもいえるはずです。ですから、こうした些細な出来事においてさえ、表情の知覚が潜んでおり、表情の知覚の多彩さに応じて、世界と私との対話のいわゆる柔軟さの程度が異なってくるはずです。そして、こうした例から導かれるのは、物の使い方のいわゆる「器用さ」や「不器用さ」の程度は、表情の知覚の豊かさの程度に対応している、ということです。日常生活においても、物の使い方が器用な人は、物を多様な仕方で使うことにも長《た》けている、ということはよく知られたことですが、そうであるのは、物を身体の延長物として使うことができるからだけではなく、その物の表情を多彩に知覚できるからなのでしょう。そして、こうした多彩な知覚能力それ自体が、物に対する感受性となっていることは、容易に捉えられるはずです。

そこで、こうした表情の知覚が、上述の例よりも生きいきとした知覚の場合には、具体的にはどのようになっているかを探ってみたいと思います。そのために、後期のメルロ‐ポンティが、画家に託して、住まうことについて記述している、「眼と精神」での記述を追ってみたいと思います。

二 住まうこと

「眼と精神」でも、眼差すことは、見られている「物の中に取り込まれていることである」(Merleau-Ponty, 1964, p. 19, 二五九頁)、ということが再確認されます。そのうえで、「見ている者はもっぱらその眼差しによって物に近づき、世界に身を開く」(ibid., p. 18, 二五八頁)、ということが強調されます。そして、世界へと身体が開いていること (ouverture) がどのようなことであるかを、絵画を例としながら、『知覚の現象学』よりも一層具体的に記述しています。その際、すでに簡単に触れていた、身体が生きられる身体であると同時に、物体でもあることによる、身体の二義性、あるいは「パラドックス」(ibid., p. 19, 二五九頁) が明らかにされ、身体の隠された深さの次元を、以下のように明らかにしています。

生きられた身体といえども、自分自身の身体を、身体以外の諸物と同様の仕方で見ることができるわけですから、私は、自分の身体そのものが世界内の諸物体の中に位置していることを捉えていることになります。つまり、私の身体は、世界内の諸物体を知覚できるライプとしての身体であると同時に、世界内の諸物体の中に位置するケルパーでもあることになります。ですから、自分の身体でもって何かを見ている者も、「それ自体〔私の〕眼に見える〔自分の生きられた〕身体によって、見える物〔＝世界内の諸物体〕のうちに浸《つ》かり込んでいる」(ibid., pp. 17-18, 一五八頁) ことになります。私の身体が物でもあるからこそ、私は、ケルパーとしての私の身体と共に諸物で成り立っている私の世界内に現に存在していることを、その世界に浸かり込むという仕方で、実感できることになります。こうしたことから、メルロ‐ポンティは、精神が単独で世界について思索したり、世界を観察することの不十分さを、あるいは身体に対する精神の優位性を徹底的に否定します。

私の身体は、世界内の諸物を見ているのですが、その身体も見られる物として、世界内に存在している以上、「私の身体は世界の織合わせ (tissu) の中に取り込まれていて、〔塊としての〕その凝集力は、物の凝集力でもある」(ibid., p. 19, 一五九頁)、ということになります。しかし同時に、身体は、見ている者として、見られている物の間に取り込まれているのですから、見られた物は、身体と同じ在り方をしていることになります。つまり、「世界は、身体という生地 (étoffe) で仕立てられている」(ibid., p. 19, 一五九頁) わけです。このように、私の身体は物として世界の織合わせの一部であると同時に、世界の方は、身体という生地で仕立てられている、というパラドックスが成立してしまうわけです。そして、このことから、見ることは見られている物の中に取り込まれること、つまり見られている物に住まうこと、というメルロ - ポンティの言葉が、単なる比喩《ひゆ》ではないことが明らかとなるはずです。

私の身体のこうした二義性からは、生きられた身体としてのライプと物体としてのケルパーといった区別をすることが不十分であることが、明らかになります。それどころか、メルロ - ポンティが明らかにしているところの、身体の二義性をむしろ覆《おお》い隠してしまうことにさえなります。そこで、身体のこうした二義性を、画家が絵を描くことに即したメルロ - ポンティの記述を追いながら、さらに探っていきたいと思います。

例えばセザンヌの静物画において典型的となりますが、メルロ - ポンティによると、「画家の眼差しは、何らかの物が突然存在するようにさせるためには、光や明るさや影や反射や色合いがどうなっているかを、また、世界に備わるこうした魔術を組立て、見える物を私たちに見させてくれるためには、物がどうなっているかを、その物に尋ねる」(ibid., p. 29, 二六五頁)、とされます。このことは、なにも光や明るさ等々に限らず、或る物が私たちにとって、目の前に本当に存在していることを実感する時、その物は私たちの眼差しにとってどのように現われているのかを、私たちが勝手に想像するのではないことを示しています。つまり、画家の眼差しは、物の明るさやそれがもたらす影や色合いや質感だけではなく、その物を際立たせている周囲の諸物が、ひいては、その物と世界とが織合わせている綾《あや》なしを、その物が私たちに現われるがままに、その現われの根拠を明るみに出す、ということをしています。

ですから、素人の描く線は、物の形を何とかして再現するために、輪郭等を模倣しようとし、その結果、素人は平面的な絵しか描けないのとは異なり、画家の描く線は、物をそれがあるままに見えるようにさせるのであり、その物の存在を画布の上に発生させることになります。筆者自身も、美術の授業で、子どもたちが描いている線に、画家がほんのわずかに線や影を描き足すだけで、描かれている物が、突然、存在感や質感をもった物として浮かび上がってくる、といったことを何度も経験したことがあります。というのも、物の世界には、例えば畑と畦道とを隔てている境界線といったものはないからです。畑は、「空間化されるに先立っている世界の背景からあたかもやってくるかのように、見える物の中へと降臨《こうりん》してくる」(ibid., p. 73, 二九一頁) ことによって、畦道の方へと自分の存在を伸び拡げているからです。つまり、畑は、広さを備えた空間として捉えられるためには、空間的に伸び拡げられていなければならないのですが、画家は、絵具でもって、キャンバスの上に、こうした伸び拡がりを再現するわけです。

そこで、絵画においては、こうしたことがどのように生じているかを、質感を取り上げて、探ってみたいと思います。

すでに述べたように、私の身体が世界の織合わせの中に取り込まれていると同時に、世界は身体という生地で仕立てられていることからすると、見ることは、「何らかの仕方で物の間で生じる」のであり、また、見られている物は、身体内の出来事に「裏打ちされている」はずです（ibid. p. 22, 二六〇頁）。ですから、例えば、或る物に備わっている質感は、「私たちの身体の中に［その物質感に対応した］反響を目覚めさせ、……私たちの身体にそれを迎え入れさせる」（ibid., p. 22, 二六〇頁）という仕方で、当の物は、私たちの身体に備わっている質感によって裏打ちされることになるわけです。事実、私たちは、自分の身体に生じる感覚に鋭敏になれば、或る物を見た時に、それが鋼鉄でできていれば私の身体の頭部の硬さが、それが滑らかな表面であれば手のひらの滑らかさが、がさがさした表面であれば踵《かかと》のがさがさ感が際立ってくる、といったことを身体の内側から感じることができるはずです。あるいは逆に、私の身体のこうした感覚が、見られている物の質感やその肌触りを、より生きいきとしたものにしてくれる、といったことを経験することもできるはずです。そして画家は、まずはこうして呼び起こされた画家自身の質感を、今度はさらに、画布の上に発生させるわけです。ですから、画家が描く物は、「初めに見られた物が……［画家の身体によって］肉付けされた本質」となるわけです（ibid., p. 22, 二六〇頁以下）。

こうしたことからすると、或る物の質感は、自分の身体に生じる質感の鋭敏さに応じて、つまり、身体の感受性の豊かさに応じて、より豊かに捉えられることになります。しかも、物の質感が身体の質感に裏打ちされている以上、身体の質感が物の質感をその根底で支えている深さの次元になっていることになります。

そして、全く同様のことが絵画を鑑賞している場合に生じることも、私たちがしばしば体験することです。私たちは、絵画を鑑賞している時に、そこに描かれている物の質感によって目覚めさせられて、自分自身の身体の質感を感じたり、描かれている悲惨さや快活さから、自分自身が惨《みじ》めになったり、生きいきとした身体感を目覚めさせられる、といったことを体験することができます。こうしたことが生じるのは、まさに世界と身体とが同じ生地でできているからに他ならないからです。画家だけではなく、絵画の鑑賞者にとっても、描かれている世界に自分自身の身体でもって住まわなければ、絵画は絵画とはならないのです。

ですから、メルロ‐ポンティの述べているように、絵画は、「諸物に身を捧げようとする［私たちの］眼差しに対し、身体内における視覚の痕跡を再考するための……機会を与えてくれる」(ibid., p. 24, 二六二頁)、ということになるのでしょう。そして、こうした機会を与えられることにより、自分の身体に備わる「飽きることのないこの視覚は……人が家に住まうように、眼がそれに住まっているところの……存在の織物 (texture＝そこから編目が読み取れるテキスト) へと向かって、身を開いている」(ibid., p. 27, 二六三頁以下)、ということに私たちは気づかされることになります。しかし、画家であろうと、鑑賞者であろうと、こうした視覚を手に入れるためには、それこそ何年にもわたる画家の修業や鑑賞者の美術館通いが必要であることは、いうまでもないことです。ですから、芸術作品に対する感受性を豊かに育むためにけ、絶え間のない非常に大きな努力と膨大な時間とが求められるのでしょう。

こうして初めてえられる感受性を備えている画家が行なっていることは、物が存在するためには、物がどうなっていればよいのかを、物に尋ねることでした。そうである以上、画家は、その精神でもって絵画を主体的に創造するのではないことになります。むしろ画家は、飽きることなく何かを見ることにより、物や物の世界によって目覚めさせられることになります。そしてこうした時にこそ、文字通りの意味で、存在からの「インスピレーション［＝精神を吹き込まれること］」といったことが、それゆえ、「本当に、存在の吸い込み（inspiration）と吐き出し（expiration）というものが、つまり存在における呼吸（respiration）がある」ことになります（ibid., pp. 31-32, 二六六頁）。こうしたことが生じている時には、「何が見ているのか、何が見られているのかが、もはやわからなくなるほど見分けにくい能動性と受動性とがあることになる」（ibid., p. 32, 二六六頁）わけです。ですから、一般にそうみなされているのとは異なり、画家が絵画を誕生させるのではなく、メルロ－ポンティのいうように、「物の中から生まれてくるのは、むしろ画家の方である」（ibid., p. 69, 二八八頁）のですし、「画家の視線は絶えることのない誕生である」（ibid., p. 32, 二六六頁）、ということになるのでしょう。

物や物の世界と画家や鑑賞者との間のこうした相互浸透は、あるいは、眼差しが物に住まうという仕方での身体の在り方は、何かを見る場合に限られたことではありません。そこで、身体のこうした在り方を、再び『知覚の現象学』でのメルロ‐ポンティの記述に戻り、さらに探ってみたいと思います。

例えば、オルガン奏者が、「椅子に座り、ペダルを操作し、ストップ〔＝音色や音域を変えるための取っ手〕を引き、楽器を自分の身体に上手く合わせ、楽器の方向や寸法を自分の身体に一体化させ、家の中で身を任せるように、オルガンの中に身を任せる」(p. 170, 二四四頁) 時には、画家の場合よりも一層文字通りの意味で、彼はオルガンに住まうことになります。しかも、オルガン奏者が教会で反復練習しているのであれば、彼の奏でる音楽は教会のミサのためである以上、「反復練習中の彼の所作は神聖化 (consécration) の所作なのであり、こうした所作は情感に溢《あふ》れたヴェクトルを張り巡《めぐ》らし、情動的な源泉を顕にし、或る表現空間を創造する」(p. 170, 二四四頁)、ということにもなるはずです。そして、教会という建物そのものが、こうした表現空間を創造することをオルガン奏者とミサに参加する者に容易にするような構造を備えています。ですから、教会に一歩足を踏み入れただけで、私たちは、その教会が醸し出す雰囲気に感受性豊かに浸かることができるのでしょう。

それどころか、私たちによって日常的にごく普通に行なわれている身体と物との関係も、身体が物に住まっているからこそ、それとして気づかれることなく、私たちの生活を支えてくれることになるはずです。メルロ‐ポンティが記述しているように、文字通りの意味で住まうことになる「私の住居が、私の周りで慣れ親しまれている領域として留まり続けるのは、私が、「私からの」距離や主要な方向を依然として『手の中で』、あるいは『脚の中』で、覚えているからであり、私の身体からその住居の方へと〔向かう〕志向の多くの糸がほとばしり出ているからに他ならないからである」(p. 151, 二二〇頁)、ということになります。そして、このことは、「自分の身体を動かすことは、その身体を介して物を目指すこと、何らかの表象を伴うことなく自分の身体に影響を及ぼしてくる物の促しに対して、身体をして応答させることである」(p. 161, 二三三頁)、ということになります。ですから、物に対する身体の感受性の豊かさは、こうした対応の繊細さによることになります。

メルロ - ポンティの言葉を導きとして、以上で探ってきたように、身体が世界へと開かれており、そこに住まっているからこそ、世界内で安心して生活を営み、自分の為すべきことやしたいことをそのつど実現したり、他者と一緒に活動することができるわけです。しかし他方では、そうであるからこそ、私は、「そのどの瞬間にも、そこから離れる能力を備えている」はずです(p. 192, 二七二頁)。つまり、「私は眼を閉じて、身体を伸び拡げ、脈打つ血管に耳を傾け、快楽や苦痛と溶け合い、私の人格的な生活を下から支えている匿名の〔身体的〕生活の中に閉じこもることができる」(p. 192, 二七二頁)のです。ですから、世界へと身を開くことを一旦閉じ、自分の身体感に沈潜することは、世界に背を向けることでもなければ、ナルシシズムや独我論へと通じているのでもないことになります。自分の身体感に沈潜することは、むしろ、世界に住まっていた時の身体の在り方から一時身を退き、それまでは誰のものとも特定されることのなかったがゆえに、私自身にも知られていなかった身体生活がどのようなものであるかに想いを向けることによって、身体における深さの次元に感受性豊かに気づくことを意味することとなるはずです。

ですから、いわゆる世間の喧騒や日常生活の慌《あわ》ただしさから一旦身を引き、落ち着いた静かな気分で、自分の身体の温もりや脈打つ血管の鼓動や呼吸を静かに感じ取ることは、いつもは感じることのなかった自分の身体を改めて愛《いと》おしみながら、再び世界へと身を開くための準備をすることになるはずです。「私の身体は、世界に対して自分を閉ざすことができるからこそ、世界へと自分を開き、そこに自分を状況づけるのも、やはり私の身体である」ことになり、「あたかも河の氷が溶けるように、他者や未来や世界へと向かう実存の運動が回復しうる」(p. 192, 二七三頁)、というメルロ‐ポンティの言葉も、こうしたことを含意しているのではないでしょうか。

生きられた私の身体がこうした能力を潜在的に備えており、こうした能力が広義の意味での身体運動の背景となっている限り、「運動の背景」こそが、深さの次元として、「運動に内在しており、運動をそのつど生気づけ、支えている」(p. 128, 一九一頁) ことになるはずです。

メルロ‐ポンティと共に探ってきたように、私たちの身体こそが、私たちと世界との関係を生気のあるものとなるようにと、深さの次元においてこの関係を支えている限り、第２章で共に探ってきたサルトルと同様、メルロ‐ポンティもまた、人間は「因果論的思考によっては捉えられない」(p. 139, 二〇五頁)、といいます。つまり、人間を捉えるための思索は、そのつどの具体的状況の中で、個々の行為を支えている潜在能力を、深さの次元で高めることによって、捉えることができなければならないはずです。メルロ゠ポンティは、人間に関する思索は、「思考の対象を生まれたままの状態で、その対象がかつて包まれていた意味の雰囲気と共に、その対象を生きる者にそれが現われるがままの姿で捉えるような思索であり、当の雰囲気の中へと自分から滑り込んでいき、散乱した諸事実や諸症状の背後に、健康な者を問題にする場合には、主体の全存在を、あるいは病んでいる者を問題にする場合には、根本的な障害を見出そうとするような思索」(p. 140, 二〇五頁) のことである、と主張します。そして、そうした思索は、第1章第1節一で探ったように (本書一―五頁)、認識によってでは可能とならないことは、すでに明らかなはずです。メルロ゠ポンティも、「生きた思索は、或るカテゴリーのもとに包摂する、といったことにあるのではない」(p. 149, 二一八頁) とし、「多義的なことが人間的実存にとって本質的なのであり、生きているすべてのものは、あるいは思考しているすべてのものは、いくつかの意味をいつも備えている」(p. 197, 二七九頁)、といいます。

しかし、ここまでで探ってきたことからすれば、人間的実存は、多義的でいくつかの意味を備えているだけでなく、それらの意味が、シェーラーにおける感情の層と同様、深さの次元を成している、というのが本当のところではないでしょうか。

私の身体が以上のような深さの次元を携えている限り、そして、人間について思索する際に見出される意味が多義的である限り、そうした思索を可能にするような言葉にも、やはり、深さの次元があるはずです。そこで次節では、人間的実存が深さの次元を成していることを、言葉における深さの次元について探ることにより、具体化したいと思います。

2 言葉と意味

複数の語からなる言葉や一つの語が、概念や物の単なる標識やラベルでもなければ、内面的思考や感情を表明するだけのものでもないことは、すでに多くの現象学者やその研究者によっても明らかにされています。ですから、ここでも、深さの次元と感受性という観点に絞りたいと思います。

一 言葉と知覚

メルロ‐ポンティがいうところの、言葉や「語は意味をもつ」(p. 206, 一九一頁) ということは、一見すると当たり前のことでしかないようにみなされるかもしれません。しかし、このことから導かれる深さの次元は、以下で探るように、感受性を豊かに育めるようになるためにも、注目されるべきです。

メルロ‐ポンティは、ブラシを例として、「語が意味を身につけていて、その意味を対象に嵌《は》め込むことによって、私は対象に手が届いたことを意識する」(p. 207, 二九二頁)、といいます。このように、ブラシという一つの語が、それによって名指される或る物の単なるラベルでないことは、「薄明かりの中で私が或る対象に眼をとめて、『これはブラシだ』、と言う時」(p. 207, 二九二頁)に生じていることを探ってみれば、明らかになります。この言葉を発するまでは、薄明かりの中にあったため、その輪郭や細部や、ましてや私からは直接見えない部分は捉えることが全くできません。しかし、「これはブラシだ」、とたとえ心の中ででもつぶやいた瞬間に、それの細部や輪郭がより明確になるだけではなく、それまでは見えなかった部分がどのようなものであるか、そして、それがどのような使われ方をする物なのかさえ、私に一挙に捉えられるようになるはずです。このことは、それまでは物であることさえ定かではなかった或る対象が、充実感を備えたリアルな物として捉えられ、より一層詳しく見えるようになったことを、つまり、私がそれをより豊かに知覚したことを意味しています。ですから、言葉や語は、それだけで私の知覚を豊かにしてくれるのですが、そうであるのは、それらが意味を身につけていて、その意味によって、あたかも刻印されたり、彫刻《ちょうこく》されるような仕方で、その意味がその物に刻み込まれることにより、その物が私により豊かに現われるようになるからです。しかも、言葉を発する以前と以後とで薄明かりの状況等には何ら変化がないにもかかわらず、こうしたことが生じる以上、私の注意力が増したのではなく、ブラシという語を介して、ブラシの捉え方が豊かになったことになります。

確かに、日常生活や特に研究活動において、辞書に載っているような概念的意味や、あるいは当該の研究領域で慣用となっている言葉や語に特有の意味にのみ意識が向かっている時には、メルロ－ポンティが記述しているようなことは生じていないでしょう。しかし、言葉や語のそうした捉え方から身を引き、それらに導かれるままに物の現われの変化へと身を開いている時には、メルロ－ポンティのいうように、言葉や「語は、対象や意味の単なる標識であるどころか、物の中に住まい、意味を運搬する」（p. 207, 二九二頁以下）、ということが生じているはずです。

あるいは、例えばなんとも表現しがたい葡萄酒の香りや味が、ソムリエの言葉によって、より一層研《と》ぎ澄まされる、つまり、葡萄酒への感受性が豊かになる、といった時にも同じことが生じているはずです。さらにまた、それまでは言葉にできなかったため、もやもやとした不安定な自分の想いが、他者によって言葉にされると、そうした気持ちに収まりがつくだけではありません。さらには、その気持ちが、他者の発した言葉の意味によって、より一層豊かに彩《あや》どられる、といったことも生じます。例えば、三島由紀夫の『潮騒』では、或る漁村の青年が、都会から一時帰省してきた女性に出会うたびに、胸の鼓動が激しくなったり、顔がほてったり、夜眠れなくなる、といったことが丁寧に描かれています。そして、自分の身の上に生じるこうした出来事を、病気になったから、と捉えることしかできなかったこの青年が、或る時に、「これが初恋なのだ」と捉えた時には、この青年の心は、異性に対する思春期に特有の淡い想いへと変化することになります。あるいはまた、『陰翳礼讃』の中の谷崎潤一郎の言葉や文章は、それを読むまでは気づくことのなかった、日本の古来の家屋に備わっていた影や闇や翳《かげ》りや襞《ひだ》といった微妙な綾なしに気づかせてくれることによって、私たちの知覚における感受性を豊かにしてくれるはずです。

そして、より一般的には、私たちがすぐれた文学作品に触れた時、その作品内の言葉や語によって、実際には自分で体験することのなかった事柄について、より豊かな捉え方を可能にしてくれるのも、ひいては、人間そのものへの感受性を豊かに育んでくれるのも、メルロ＝ポンティのいうように、言葉や語が意味を携えているからです。

以上のことからすれば、言葉を豊かにすることは、同時に、自分の世界だけではなく、自分の心を豊かにすることにも通じている、ということになります。他方、最近の、特に若い人に認められる傾向ですが、言葉を略したり、出来事や思考の結果を、例えば、「ピンポーン」や「ブー」と、あるいは「チョー［＝最高に］……」といった音で擬音化したりすることは、少なくとも筆者には、自分の世界だけではなく、自分自身をも貧しくしてしまうことになるように思われてなりません。

さらには、言葉や語が意味を備えていることから、言葉と思考との関係も、メルロ＝ポンティと共に、新たに捉えざるをえなくなります。

二 言葉と思考

私たちは、言葉を使って考えるのであり、また、いわゆる内面の思考を表に現わす、という文字通りの意味で、言葉でもって思考を表現します。しかし、使い古された、あるいはいわば自動的にでてくる決まり文句を発する場合とは異なり、何事かについて真剣に考えている時に典型的となるように、自分の考えが言葉にされることによって初めて、自分が何をどのように考えていたのかが明確になる、という経験を私たちはしばしばするはずです。メルロ - ポンティのいうように、「思考は、確かに、瞬時に、あたかも稲妻のように突き進んでいきますが、しかし、私たちには、その後まだ、それを我がものとすることが残っており、表現を通じてこそ、思考は私たちの思考となる」(p. 207, 二九一頁以下)、ということになります。ですから、私たちは、何事かについて初めて考える時には、自分の考えていることを少しずつ文章にすることによって、その考えを自分のものとし、そのうえで、自分の考えをさらに展開していく、といった作業をするのでしょう。そして、こうした時にも、あたかも稲妻のように突き進んでいく思考内容に襞を刻み込んだり、いわば折り重ねられていたため光を当てられていなかった思考内容が、紐解《ひもと》かれる、といったことが生じるのでしょう。こうしたことが生じるのも、言葉は思考の単なる外皮や標識ではなく、言葉そのものが意味を携えているからこそ、表現の意味に相応した仕方で自分の思考や想いが完成されるからなのです。したがって、この場合にも、私たちの思考は、どのような言葉によって表現されるのかに応じて、豊かになったり貧しいままに留まったりするはずです。

以上のことからすると、自分の考えを言葉で表現することは、単にその考えを忘れないようにと、いわばメモをとっておくことになるだけではありません。メルロ - ポンティのいうように、「言葉は、言葉を語る者にとっては、すでにできあがっている思考を［話し言葉や文章表現へと］翻訳するのではなく、それを完成する」（p. 207, 二九三頁）、ということになるはずです。

ですから、自分の思考を表現にもたらすことによって、思考を完成する時には、それ以前には自分自身にも不十分であり、曖昧であった自分の思考が、表現の意味によって満たされることになるわけです。すると、このことから、本来、「私たちは自分が自発的に考えていたよりもより以上のことを理解する能力を備えている」（p. 208, 二九三頁）、ということが導かれるはずです。もしもそうでなければ、例えば、他者の言葉を聞いたり本を読んだりすることによって、自分の考えを深めていく、といったことは生じないはずです。ですから、他者の言葉や読書等によってはそれまでの自分の経験の範囲を超えられない、それらは自分の経験に即してしか理解できない、といった人間観は、非常に皮相な人間観の、つまり、そう表明している人の、それこそ自分の能力の範囲内でしか物事を考えられないことの現われでしかないのでしょう。メルロ - ポンティも、「言葉を通しての他者の思考の捉えなおし、他者への反省、他者に即して思考する能力といったものがあり、これが私たち自身の思考を豊かにしてくれる」（p. 208, 二九四頁）、つまり、他者の言葉への感受性を思考のうえでも豊かにしてくれる、といっています。

こうした仕方で、表現は自分の思想を豊かにしてくれるわけですし、上述したように、例えば「ブラシ」という日常的に使われている語でさえ、それが表現されると、その時の私の知覚を豊かにしてくれるわけです。メルロ‐ポンティのいうように、「表現を操作することは、それが成功した時には、単に読者や作家自身にメモを残しておくことではなく、テキストの深部そのものの中に、意味を［ある種の］物として現に存在させ、その語によって有機的に組織されるような仕方で、その意味が生かされるようにし、あたかも新たな感覚器官であるかのようなものとして、その意味を作家や読者の中に据えつけ、私たちの経験に或る新しい領野や次元を開拓する」(pp. 212-213, 三〇〇頁)、ということになるわけです。そして、この時には、まさに言葉や語の意味によって、私たちの経験が掘り起こされ、豊かに刻み込まれるわけです。

しかし、メルロ‐ポンティによれば、言葉や語は単に私たちの知覚や思想を豊かにしてくれるだけに留まりません。上述したように、ここにおいても、テキストは、その深部を備えていることになり、こうした深い次元で、いわゆる襞を刻み込まれながら有機的に組織される、ということが生じることになります。こうした深い次元としては、さらには言葉の次のような在り方もあげられます。

メルロ‐ポンティも例示しているように、例えば外国に行き、「語の意味を理解し始めるのは、行動の文脈の中でその語がとっている位置を知ったり、［当地の人々との］共同生活に参加することによってである」(p. 209, 二九四頁) ように、語や言葉は、辞書に記載されているような、その概念的意味が捉えられるだけでは、本当に獲得されたことにはなりません。外国語の習得過程で典型的となるように、或る言語を「表現するための能力の尺度となっている」のは、概念的意味についての知識や文法能力もさることながら、より根源的には、それらよりも、当該言語の「意味の曖昧さのすべてや意味の滑りのすべてを引き受ける」(pp. 218-219, 三〇八頁) 能力に依存しているはずです。

このことは、外国語を本当に習得したらそうなるであろう、母語を使って日常的な会話をしている時に、明らかになるはずです。会話を楽しんでいる時や、他者と一緒に仕事をしている時、私たちは、文法的に正しく、しかも完結した文章で話す、といったことはそれほどないはずです。しかもその際、話されている言葉や語がたとえ曖昧であっても、むしろ曖昧であるからこそ、聞き手が話し手の言葉に積極的に関わることができます。それどころか、意味が滑ることによって、対話が意外な方向へと展開していくことさえあります。そして、こうしたことが、対話をより生きいきとしたものにしてくれます。もちろん、言葉の概念的意味を明確に捉えることは、どのような場合にも必要であることは、否定できないでしょう。確かに、言葉の曖昧さやその意味の滑りにあまりにも無頓着《むとんちゃく》となることは避けるべきです。しかし、意味の曖昧さや滑りに対する豊かな感受性を育むことは、言葉を根源的に獲得する際に必要となるはずです。というのも、こうした感受性が対話を生きいきとしたものにしてくれることは、言葉を正確に使うことにあまりにも集中してしまうと、対話がいわゆる窮屈になることからも容易に窺えるように、意味の曖昧さや滑りこそが、どのような母語にも含まれている、いわゆる言外の意味の多様さと柔軟さを対話にもたらしてくれるからです。

筆者自身のドイツ語の経験に基づいたものでしかありませんが、筆者の聞き取り能力が低かった頃には、ドイツ人は、ゆっくりと話してくれるだけではなく、完結した文章でもって話してくれました。ですから、その当時は、一緒に仕事をしている時に、ドイツ語の単語だけや、完結していない文章で語りかけられると、何を言われたのかがよくわからない、といったことがしばしば生じました。しかし、筆者の聞き取りの能力が或る程度高くなっている現在では、いわゆる学問的な話をしている時でさえ、私だけではなく、ドイツ人の方も、曖昧な表現を使うようになりました。また、会話が展開しているうちに、或る語の意味が少しずつずれてくる、という語の滑りも生じるようになりました。

他方、特に日常生活において特にそうなのですが、完璧な文法と完結した文章でドイツ語を話されると、筆者には、その人の母語はドイツ語ではないのでは、といったことを感じ、実際にその人に確かめると、筆者の感じが正しかった、という経験もかなりありました。

あるいは、やはり筆者自身もしばしば経験することですが、いわゆるバイリンギュアルな人が、例えば日本語と英語を混ぜながら話をしている際に、日本語で話している時には、身振りや口調や、それこそ身体から醸し出される雰囲気までもが、いかにも日本人に特有のものとなるのに対し、英語で話しだすと、そうしたものが一気に変化し、いかにもアメリカ人といったものに変化します。また、筆者の聞いたことですが、子どもの頃に英語圏で長く暮らした人が、その後日本でも長く暮らすことになり、バイリンギュアルとなったそうですが、その人は、日常生活や学問上の話は日本語で話すことになんの支障がないにもかかわらず、自分の感情を捉える際には、日本語では非常に表現しにくく、英語を使わざるをえなくなること自体にも、何らかの違和感を覚えるそうです。このことからも、或る感情が初めて言葉にもたらされた時に、その言葉の意味によって感情の捉えられ方が異なってくる、ということが窺われます。

さらにまた、メルロ＝ポンティが述べているように、演説や読書によって「魅せられている」聴衆や読者は、演説や読書が終わった時に、あるいは演説や読書から一時身を退いた時に、「演説やテキストについての思考が後からやってくるのであって」、そうではない時には、演説や「テキストは思考が働かないまま理解されてしまっている」(pp. 209-210, 二九六頁)、ということが生じているはずです。

それどころかさらに、同じ言葉を語りかけられたとしても、例えば思春期の子どもの場合に典型的なように、それが親からのものであるか、それともサークルの先輩からのものであるかに応じて、あるいは、それが自分の尊敬している人からのものであるか、それとも信頼のおけない人からのものであるか等々に応じて、全く異なった仕方で、それどころか全く逆の仕方で言葉が捉えられてしまう、といったことも私たちがしばしば経験することです。

対話において典型的となるように、そもそも、言葉や語は、その概念的意味よりも、語り手の口調や語調、語っている時の表情、語り方と一体となった身体的所作、語られている場、といったことの方が、より一層、その意味を規定したり、その意味に豊かな、あるいは多くの含蓄を含ませる、といったことも私たちが日常的にしばしば体験していることです。

全く同じことは、例えば、難解な哲学書を読む時もいえるはずです。このことをメルロ‐ポンティの言葉で語ってもらえば、多少長くなりますが、次のようになります。「いまだ理解できないでいる哲学書の場合でも、［それを何度も繰り返し読んでいると］少なくとも或る種のスタイルが……現象学風のスタイルとかが露になり、私に理解できるようになると、このスタイルがその哲学書の意味の最初の粗描となり、私はその思索の存在様式の中に自分から滑り込み、その哲学者の調子とかアクセントとかを自分で再生し始める」(p. 209,二九四頁)、と。すると、この場合にも、やはり当の哲学者の思索の中に住まうことが求められるわけです。ですから、哲学書に書かれていることを自分の思考の枠内に取り込み、自分なりの解釈でもって或る哲学者の思索を理解するだけでは、全く不十分であることがわかります。こうしたことからすると、自分が傾倒する著者の文体に自分の文章が似てくる、といったことも或る程度は必要なのでしょう。

以上のことから、メルロ‐ポンティの述べているように、「語の概念的意味は、言葉に内在している所作的意味(signification gestuelle)の上に、それを差し引くことによって創られたものである」(p. 209,二九四頁)、ということが導かれてくるはずです。例えば、「机」や「テーブル」という、一見すると或る物の標識やラベルでしかないようにみなされてしまう語にも、概念的意味だけではなく、それらの物に関わる私の様々な所作がその語の意味として、概念的意味の下に含まれているはずです。つまり、机という語には、その上で集中して本を読んだり書き物をするという、私の所作とその所作に伴う感情や気分が意味として含まれているはずです。他方、テーブルという語には、くつろいだ気分で家族や友人と語り合ったり食事を共にする、という私の所作とその所作に伴う感情や気分が、やはり意味として含まれているはずです。ですから、言葉や語を語ったり聞いたりすることにおいても、概念的意味の根底には、所作的意味が深さの次元として控えていることになるわけです。そして、これらの語は、こうした所作やそれに伴う感情や気分によって、いわば襞を刻み込まれていることによって、概念的意味を豊かに彩どっているわけです。

しかも、本章第1節一で表情の知覚について探った際に引用した（本書一三五頁）、主体と客体との対話に関するメルロ－ポンティの言葉からすれば、こうした所作的意味は、そのつどの私が住まっている世界の意味ともなっている、つまり、実存的意味ともなっている、ということになります。このことをメルロ－ポンティの言葉でより正確に言い換えれば、「言葉や語は、それらに付着している意味の最初の層を身につけており、これを、概念的に言葉へと言い現わすことよりも、むしろスタイルとして、情感的価値として、実存的身振りとして与える」（p. 212, 二九九頁）、ということになります。ですから、「私たちは、言葉の概念的意味の下に、実存的意味を見いだすのであり、実存的意味は、単に言葉によって翻訳されるだけではなく、言葉の中に住まい、言葉からは切り離されえないものである」(p. 212, 二九九頁)、といえることになります。したがって、言葉や語の根底に備わるこうした実存的意味を感知することは、言葉や語に触れている私自身の在り方そのものに感受性豊かに触れることになるはずです。

言葉や語に関してもこうした深さの次元と、それに応じた感受性における豊かさの次元がある限り、言葉に関する人間の営みを捉える際には、メルロ-ポンティのいうように、次のことが求められるはずです。例えば、「話すことを学び始めた子どもや、初めて何らかの事柄について語り、考える作家や、結局のところ、或る沈黙を言葉に変えようとするすべての人々に際し、[こうした人々の]表現や伝達の中にある偶然的なもの」(p. 214, 三〇二頁)を、つまり、そのつどの状況に固有であり、そのつど言葉を発している者に固有で一回的なものを、捉えることが必要となるはずです。ですから、こうした深さの次元を深めない限り、つまり「言葉の根源へと遡らない限り、言葉のざわめきの下にある、もともとの沈黙を再発見しない限り、この沈黙を破る所作を記述しない限り、私たちの人間観は表面的なままとなってしまう」(p. 214, 三〇二頁)、といわざるをえなくなります。

語や言葉が以上のような深さと豊かさの次元を備えている以上、それらを介した人間関係も、こうした深さと豊かさの次元に応じて、豊かに捉えられたり、表面的なままに留まることになるはずです。

そこで次節では、他者関係それ自体における深さの次元について探っていきたいと思います。

3　他者関係における身体

すでに本章第1節で探ったように（本書一三四―一三五頁）、見ることは見られている物の中に住まうことですから、他者と身体的に向き合う、といった仕方で他者と対面している時にも、私たちはお互いに他者の身体に住まっているはずです。ただし、この時の住まい方は、物に住まう場合よりも、はるかに複雑で微妙なものになるはずです。

メルロ＝ポンティの記述を使いながらこの複雑さと微妙さとを具体化すると、次のようになるでしょう。例えば、私が或る友人にこちらに来るようにと合図しているにもかかわらず、「相手が私の合図を受け入れたくないことに私が気づき、その結果、私が自分の所作を変えていることにも気づく」時には、私の気づきという知覚と、所作を変えるという私の運動との間には、「明確に区別される二つの意識の行為があるわけではなく、私が相手の不従順さを見抜くと、思考を何ら介することなく、この状況から私のいらいらした所作がすぐに湧きあがってくる」（p. 129, 一九二頁）、といったことが生じているはずです。

このことからまず導かれるのは、合図を変えている時の私の身体運動は、同時に、私のいらいらした所作ともなっている、ということです。ですから、この時の私の身体運動は、相手が私に従いたくないことと一体となっている、ということになります。メルロ‐ポンティの言葉を借りれば、私が送った合図に対する「相手の同意や拒否は、私の所作の中に直接読み取れる」（p. 129, 一九二頁）、ということになります。また、同様にして、私の合図が私の相手をして、私に従いたくないという身体運動を生じさせたわけですから、私の合図が携えていた意図も、相手の所作から直接読み取れることになります。

そうである以上、この時には、通常そうみなされがちな、次のようないわゆる刺激と反応との連鎖が生じているのではないことになります。つまり、私が合図を送ったことが刺激やきっかけとなって、その反応として相手に何らかの気持ちが生じ、その気持ちが相手の何らかの身体的現われとなり、その現われが今度は私に対する刺激やきっかけとなって、いらいらしている私の気持ちを反応として生み出し、その気持ちが私の合図の仕方を変えるように促す、といったことが生じているのではないことになります。

そうではなく、お互いに自分の意図が相手の所作の中に読み取れるようになっているのですから、メルロ‐ポンティのいうように、「すべては、あたかも他者の意図が私の身体に住まっているかのように、あるいは、私の意図が他者の身体に住まっているかのように、行なわれている」（p. 215, 三〇四頁）はずです。そして、こうしたより深い次元で生じていることが、身体的に対面している人間間の関係を生きいきとした豊かなものにしているはずです[2]。

そうである以上、例えば二人の人間が或る物について語り合っている時には、相手の言葉を単に概念的に理解するだけでは、本当の対話とはなっていないことになります。さらには、メルロ-ポンティのいうように、相手の言葉の概念的意味の根底にある、実存的意味を捉えることが必要となります。というのは、本章第2節で探ったように（本書一五九頁以下）、言葉や語は、それを下から支える深さの次元として、世界内の物に関わる実存的意味を備えているからです。したがって、相手が使っている言葉の実存的意味を捉えるためには、当の相手の眼差しが住まっている物に向かっての彼の身体的所作を介して、私も彼と同様の住まい方ができるようになることが、さらに求められているはずです。ですから、他者の「所作は、私にとっては、一つの問いかけのようなものであり、それは、世界を感性的に捉えるための［視］点を指し示し、それらの［視］点と一体となるようにと、私を促す」のであり、「私の行動がこの道筋の中に自分自身の道筋を発見した時、コミュニケーションが仕上げられる」(p. 216, 三〇四頁)、ということになります。そして、こうしたコミュニケーションが生じている時には、生きいきとした豊かな両者の関係は、第三者によって捉えられたり侵《おか》されたりすることのない、確かなリアリティを備えたものとなるはずです。

したがって、こうした対話は、第三者の誰にでも理解できることによっては汲み尽せず、しかも当事者自身によってもことさら意識されることのない、したがって、認識によっては決して明らかにされることのない、深さの次元に支えられていることになります。

そして、ここにおいて、すでに第２章でサルトルを超えて明らかにしたところの（本書八四―八七頁）、精神療法におけるクライエントや患者の辛さをいくらかでも和らげるために最低限必要なことが何であるかが、導かれてきます。このことをメルロ - ポンティは、病気の「回復と同様、その治療にしても、客観的ないしは定立的意識の水準でなされるものではなく、その下でなされるもの」（pp. 190-191, 二七〇頁）である、と記述しています。つまり、治療や回復が、患者と医師との関係の中で行なわれる限り、両者の振舞いや言葉は、単にそれらの概念的意味にのみ応じて他方に捉えられているわけではありません。それらの概念的意味の根底には、それぞれの振舞いや言葉を根底で支えている深さの次元が控えている以上、この次元においても、両者は相互に作用を及ぼし合っているはずです。例えば、患者の何気ない振舞いが、病んでいる患者にとって独特の世界を指し示しているならば、医師もまた、患者のそうした指し示しと一体となって、患者の所作が辿《たど》る道筋を、共に辿ることが求められるでしょう。そして、病気の回復と治療のためには、患者の方もまた、治療のために医師が辿る道筋を、医師への信頼を頼りに、自分でも辿らなければならないはずです。

こうしたことからも、治療や回復は、本来、実存の深い次元で生じているはずです。ですから、医師やセラピストに求められるのは、精神療法のための知識や技術だけではないことになります。むしろ、「精神療法においては、患者が、医師と人格的な関係を結んでおかなければ、あるいは、医師への信頼と友情をもつようになり、この友情から実存の変化が結果として生じない限り、［症状や回復についての］意識をもつことは、純粋に認識的なものに留まるでしょうし、患者は医師から打明けられた自分の障害の意味を受け入れることができないでしょう」（p. 190, 二七〇頁）。

それどころか、メルロ-ポンティに導かれて、本章第2節二で探ったように、思考を自分自身の思考にしてくれ、私の思考を完成してくれるのも、言葉や語であり（本書一五二—一五三頁）、しかもそれらが、その概念的意味の下に実存的意味を携えている以上（本書一五九—一六〇頁）、同様のことは、言葉や語を介した対話一般についてもいえるはずです。つまり、言葉を発する以前の話し手の思考は、発せられた言葉の意味に応じて完成へともたらされることを目指している限り、話し手は、すでに考えておいた自分の思考を聞き手に移行させる、といったことをしているのではありません。確かに、こうした仕方で自分の考えを他者に移行させる、といったことも可能であり、また、そうした会話もしばしば生じている、ということも事実でしょう。ですから、より正確に述べるならば、本当の対話が生じている時には、上述したことが生じている、と、あるいはその時に本当の対話が生じている、というべきでしょう。つまり、「他者の言葉を発動させた意味に関わる意図は、明確な思考ではなく、［私によって］充実されることを求めている欠如態なのですが、全く同様に、私の意図を私が捉えなおすことも私の思考による操作ではなく、私自身の実存の［他者のそれとの共振という］同期的転調であり、私の存在の変革である」（p. 214, 三〇一頁以下）、ということになるわけです。他者の中で生じている思考の完成への過程を、その過程と同期〔＝シンクロナイズ〕させながら、私の中でも生じさせ、それまでは私一人では不可能であった、私の在り方や実存を変化させてもらうわけです。そして、こうした対話が生じるからこそ、他者の発した言葉や他者の書いた言葉を介して、自分の在り方を変えてもらったり、自分の実存の転調を体験させられる、といった仕方で、他者から真に学ぶことができるようになるはずです。

しかも、他者の言葉によって、私の実存が変えられることにより、私の実存と一体となっている私の世界もやはり変えられることになるはずです。そこで、教育の問題からは多少それることになりますが、教育においても世界との感受性豊かな関わりが求められる以上、ハイデッガーを導きとして、次章第2節では、言葉と世界との密接な関係を探りたいと思います。しかし、そのためにも、まず次章第1節で、物の現われについてのハイデッガーの記述を頼りに、物の現われにおいても深さの次元があることを、それゆえ、そうした現われへの感受性について、探っておきたいと思います。

注

（1）本章に限り、メルロ‐ポンティの『知覚の現象学』からの引用は、原著と邦訳書の頁数を併記することにより、引用箇所を指示することにします。

(2) こうした深さの次元がどのようにして培《つちか》われるかに関しては、第6章でフッサールと共に探りたいと思います。

第5章
物の現われについて
ハイデッガーから学ぶ

　前章では、メルロ＝ポンティに導かれて、身体と世界との密接な関係について探った後、言葉と身体について探ってきました。その結果、言葉そのものが深さの次元を備えていること、および、こうした深さの次元においては、言語表現に到ることのない様々な思いや感情が渦巻いている、ということが明らかになりました。では、言葉に到ることのないこうしたいわゆる沈黙のざわめきとでも呼べるような事態は、どのようになっているのでしょうか。この問いに答えるために、本章では、物の現われや言葉と世界との関わりについてのマルティン・ハイデッガーの思索を導きとしたいと思います。そこで、まずは第1節で、日常生活においてごく普通に接している道具の現われ方を典型例とした、物の現われについてのハイデッガーの思索から、物の現われにおいても深さの次元があることを明らかにしておきたいと思います。というのは、こうした深さの次元に迫ることが、物の現われと言葉との密接な関係へと導いてくれるからです。そのうえで、第2節では、世界の現われは言葉を介して豊かに綾《あや》なされることについて、探ってみたいと思います。というのも、こうしたことを探ることによって、教育においても目指されているところの、物を大切に愛《いと》おしんだり、言葉を介して世界と豊かに関わることがどのようなことかを、いくらかでも明らかにしたいからです。

ハイデッガーは、私たち一人ひとりの人間の存在を、現存在（Dasein）と呼んでいます。この言葉は、日常的には、或るものが現に存在している、ということを意味しています。ハイデッガーは、そのつどの一人ひとりの人間こそが、物や出来事や事柄や、そして人間も含め、すべてのものの現われてくる場（Da）として存在していること（Sein）を言葉の上でも際立たせるために、あえて現存在という言葉を選んだのでしょう。一人ひとりの人間のそのつどの在り方を現存在として捉えるハイデッガーの現象学は、特に現象学的精神病理学の領域で患者の在り方を捉える際に、「現存在分析」という名のもとに、理論的背景としてしばしば取り上げられています。また、ハイデッガーによると、すべてのものは、現存在のそのつどの在り方に応じて、或るものが、それがあるがままの状態で、つまり隠されていないという意味での真理（アレーテイア＝非隠蔽性）として、あるいは覆《おお》いをかぶされているという意味での非真理として、現存在に現われてくることになります。

しかし、このことに関しては、授業の問題と関わらせて、すでに他のところで考察しましたので、(1)以下では、ハイデッガーを導きとして、現存在にとっての物の現われについて、探ってみたいと思います。

1　道具の現われ

一　手元にある物の現われ

ハイデッガーは、彼の主著である『存在と時間』において、いわゆる自然科学が捉えるような仕方で、私たちの周りにある物を物体的な塊とみなし、それらの諸特性や構造や機能等といった観点から捉えられる物を、私との関わりから切り離されて手前に在る物とし、そうした物の在り方を手前に在ること（Vorhandenhait）、と呼んでいます。[2]

他方、日常的に生活している時に私たちに出会われる物は、道具として現われてくるのであり、そうした現われを介して捉えられているところの、私たちによって身近なものとして経験されている物を、手元に在る物とし、こうした現われを介して私たちの日常生活を支えている道具の在り方を、手元に在ること（Zuhandenheit）、と呼んでいます。こうした仕方で手元に在る物には、狭い意味での道具だけではなく、例えば、衣食住に供されるもの、道路、各種の交通機関、種々の建造物、鑑賞や趣味のために享受されるもの、人間関係の手段として利用される電話や手紙、さらには、理論的活動に必要な本やノートやボールペン等々、私たちの周りに在るほとんどすべての物が含まれます。

ハイデッガーは、手元に在ることが物の本来の在り方であり、手前に在ることは、道具のこうした本来の在り方から身を引き、それを単に眺めている時の物の在り方でしかないため、いわば派生的な在り方、とみなします。他方、手元に在る物は、私たちに利用されるように、という仕方で、私たちの世界を成しているわけです。そして、手元に在る物は、その目的にかなった仕方で利用される時には、それが道具としてどのような目的のために使われたり、どのような機能をはたしているかがたとえ明らかであったとしても、その在り方そのものは、私たちにとってより一層捉えられないままになってしまいます。

では、道具の手元に在ることとは、ハイデッガーによると、具体的にはどのようになっているのでしょうか。

例えば、「金槌という物が、単にぼんやりと眺められている程度が少なければ少ないほど、つまり、それが自由に使われれば使われるほど、この物に関わる［私たちの］態度はより一層根源的となり、この物は、それがあるがままの物として、つまり道具として、より一層覆われることなく出会われてくる」（S. 69, 一五八頁）、ということになります。[3] ですから、例えば、金槌の機能や特性についての知識を備えているだけでは、それが手元に在ることはどのようなことであるかは、捉えられないことになります。むしろ、それでもって例えば自分で釘を打ってみると、「金槌に独特の手ごろさが発見されることになります」（S. 69, 一五八頁）。日常的にも、道具は、使いこなされればされるほど、より一層、使い心地のよいものとなると同時に、その道具の手ごろさ具合に対する感覚も磨《みが》かれてくる、といったことはよく知られていることです。

道具が手元に在るというこうした在り方からすると、例えば、道具としての金槌は、釘を打つという、それが使用されることのもとで、その適切さが発揮されることになります。こうした仕方で、それが使用されることでもって（mit）、何らかのことをすることのもとで（bei）、道具のいわゆる適材適所が際立てられることから、ハイデッガーは、手元に在る物の在り方を「適切さ（Bewandtnis）」（S. 84, 一七九頁）、と呼んでいます。そして、こうした適切さは、さらに他の道具の適切さへと次々に展開していき、最終的には、そのつどの私である現存在が存在し続ける可能性へと行き着くことになります。ハイデッガーの挙げている例で言い換えれば、「私たちが槌で打つから、私たちが金槌と呼んでいるこの手元に在る物でもって、［例えば釘を］打つことのもとで適切さが発揮され、この打つことでもって、［何かを］取り付けることのもとでその適切さが発揮され、この取り付けでもって、悪天候に対して身を護るということのもとで適切さが発揮される」のであり、「この身を護るということは、［私という現存在が］宿るという目的のために、言い換えれば、現存在の存在の一つの可能性という目的のために『存在』［している］」（S. 84, 一七九頁以下）、ということになります。

ハイデッガーによれば、上述したような広い意味での道具のこうした適切さが相互に関連し合っていることによって、私たちの周囲の世界が構成されていることになることから、こうした相互連関を「適切さの全体性」（vgl. S. 84, 一八〇頁参照）、と呼んでいます。

すると、ハイデッガー自身は、ことさら述べてはいませんが、道具のこうした在り方から、私たちにとっての道具は、それが適切に使用されるために、それ相応の所に備え付けられていなければならない、ということが導かれます。例えば、包丁は、台所にあるからこそ、それの適切さが発揮されるのであって、もしも包丁が、例えば寝室に置かれていれば、場違いであるだけではなく、非常に異様な物として、現われてくることになるはずです。ですから、日常生活を送るうえで、適切な道具がその適切さを発揮できる所に配置されていることは、私たちに非常に大きな安心感を与えてくれるだけではありません。さらには、適切さを発揮できる様々な道具の配置が、その道具を使っている人間の在り方を、つまり相互に関連し合っている様々な道具に対する当の人間の感受性がどのようなものであるかを、如実に語りだしていることになります。そして、適切さが、最終的には、そのつどの人間の存在の可能性へと行き着く以上、道具がどのように配置されているかが、当の人間が自分自身の在り方をどのように捉えているのか、つまり自分の生をどのように充実させようとしたり、慈《いつく》しんでいるのかをも、暴きだしていることになるはずです。

こうしたことからすると、「物を大切に扱うべき」、という日常的にもよく聞かれる警句は、或る物をそれだけ単独に取り出して、それを大切に扱うことだけではなく、さらには、それらの物が自分の周りに適切に配置されるようにと配慮することの大切さをも含意していることになります。ですから、例えば、或る人の部屋がいつもきちんと整頓されているかに応じてだけではなく、様々な道具がどのように配置されているかに応じて、その部屋の住人の生き方が窺われることになります。つまり、道具の配置そのものに、住人の生き方が刻み込まれている、といえることになります。

　哲学者である限り、ハイデッガー自身は、確かに、こうした日常的な道徳や習性につながるようなことは、直接記述していません。しかし、「方面（Gegend）」についての次の記述からは、人間の在り方に関わる道具の在り方が垣間見られるはずです。「例えば、教会と墓地［に備わる方面］は、つまり生と死は、日の出と日の入に従って設けられている」（S. 104, 二〇七頁）わけです。つまり、人生の始まりと終りとしての生と死は、私たちの日常生活の様々な可能性をそのつど何らかの仕方でそれとなく定めているからこそ、教会と墓地はそれぞれにふさわしい場所に適切に設置されているわけです。全く同様にして、「家屋は日の当たる側や風雨の当たる側を備えており、それぞれの側に応じて、『空間』の割り当て方が方向づけられていて、その中では、『調度』もまたそれぞれの道具の性格に応じて方向づけられている」（S. 103f., 二〇七頁）わけです。すると、家屋は、その中に住まう人間のそのつどの在り方に応じて調度が方向づけられているだけではなく、日の当たる側と風雨が当たる側に応じた、その住人の生き方のいわゆる「明と暗」の可能性をもそれとなく定めていることに、つまり、家屋そのものがそうした可能性によって、刻み込まれていることになります。

　こうしたことからすると、道具に対する感受性は、その適切さが行き着くところの私たちの在り方に応じているだけではなく、さらには、「私たちの周り」（S. 103, 二〇六頁）への感受性とも相俟《あいま》っている、ということになるはずです。

しかしここでは、道具が手元に在るという事態が私たちにどのように閃《ひらめ》いてくるかに関するハイデッガーの記述を追いながら、道具に対する感受性にはどのような深さの次元があるのかを探ってみたいと思います。

二　道具の在り方が閃いてくること

すでに述べたように、道具が自由に使われれば使われるほど、適切さに応じて手元に在るという在り方をしている道具の手ごろさが、例えばそれで実際に釘を打つことによって発見されるのでした。そうである以上、道具の在り方そのものは、何の支障もなくそれが使用される時には、いわば「身を退いている」（S. 69, 一五九頁）ことになります。というのも、その道具が使われるのは、「〜のため（Wozu）」であり、私たちは、こうした「〜のため」という「目的（Um-willen）」（S. 84, 一八〇頁）に、ひいてはそのつどの私たちのために、道具と関わるからです。

ですから、一見すると奇妙なことのようにみえますが、或る道具が道具であるのは、その道具それ自体を眺めたり、それが造られた過程や素材やその使用法に想いを巡《めぐ》らしたりすることなく、それを使用することに没入している時、あるいは、目的に向かっているため、道具それ自体にいわば意識を向けていない時、ということになります。道具がいわば身体の一部になった時、その道具を自分のものにしたことになる、といった言い方がよくなされますが、この時には、自分の身体がうまく機能している時がそうであるように、道具もまた、私にとって意識されることなく、私の作業と一体となって、意識の背景へと退いていることになります。

ところが、やはり身体と同様、道具がうまく使えない時、当の道具がどのような在り方で私の手元にあったのかが、ハイデッガーの言葉を使えば、「閃いてくる（aufleuchten）」（S. 72, 一六四頁）ことになります。第4章第1節の冒頭で触れたように（本書一三〇頁）、身体は、例えば病気などによって、それがうまく機能してくれなくなった時に、私自身に際立ってくるのでした。そして、道具の場合にも同様のことが生じることから、道具の在り方への感受性は、道具をすでにうまく使えるようになっていることを前提としながらも、それをうまく使える身体能力のみに対応しているのではないことになります。道具に対する感受性は、道具の使用に際する何らかの欠如感といったものとも密接に関わっているはずです。

そこで、以下では、道具が閃いてくる際のハイデッガーの記述を手がかりとして、道具への感受性と、この感受性を支えているところの道具の現われにおける深さの次元について探っていきたいと思います。

例えば、「仕事道具が損傷していたり、原材料が不適切であることが明らかになる」（S. 73, 一六四頁）時に、道具が道具で在るとはどのようなことであったのかが、閃いてきます。こうした時には、その道具を使って作業することが妨げられるため、目的に向かうことができなくなり、むしろ当の道具がどのような作業を私に可能にしてくれていたのか、それを使用することにより、どのようなことが達成されていたのか、その結果、私の可能性にとってどのような恩恵をもたらしてくれていたのか、といったことが一気に私に閃いてくることになります。こうした閃きによって明らかになるところの、当の道具を道具にしていたのは何であったのかが、私に捉えられるわけです。ですから、この時に捉えられることは、例えば、その道具が製造された過程や原材料やその使用法を知ることによっては、捉えられることがないはずです。ハイデッガーのいうように、手元に在る「道具が目立ってくる (auffallen) のは、それが利用不可能であることが露出するときである」(S. 73, 一六四頁)、ということになるわけです。

こうしたことからすれば、当の道具を我がものとした者のみが、他でもないその道具の損傷等によって失われるものが何であるかを実感できるわけです。また、それゆえにこそ、その道具を大切にし、道具に対して丁寧に接する、といった道具を愛《いと》おしむ感受性が育まれるはずです。そして、損傷等によって失われるのが、当の道具の機能だけではなく、その道具を道具たらしめていたもののすべてであるからこそ、その損傷によって蒙る被害の甚大さを実感できると同時に、その道具を使って製作してきたこれまでの作品に対する愛着も、より一層大きくなるはずです。しかも、こうしたことが生じるのは、当の道具が道具ではなくなることによって、私にとってその道具がどのような在り方をしていたかが閃いてくるからです。そうである以上、こうした閃きによって明らかになることが、それまでは気づかれることのなかったその道具の在り方の深さの次元となっていたことになります。ですから、道具や作品に対する感受性も、こうした深さの次元に支えられていることになります。

道具それ自体が目立つことになる時と同じような閃きは、ハイデッガーによると、道具が押し付けがましくなる時や、道具が逆らってくる時にも生じる、とされます。

或る道具が、在るべき場所に、つまり適切さを発揮できる所にない時には、ハイデッガーの言葉を使えば、道具という「手元に在るべき物が、手元にないことに気づかれる時には」、手元にないその道具は「押しつけがましさ（Aufdringlichkeit）という様態をとる」（S. 73、一六五頁）ことになります。例えば、いつもの場所に使い慣れているいつもの包丁がないことに気づき、台所のあらゆる所をひっかきまわしながら、それこそいらいらしてその包丁を探している時には、こうしたことが生じているはずです。つまり、包丁をいざ使おうとしたにもかかわらず、その包丁がないことに気づいた時には、その包丁によってどのような調理の可能性が生み出されていたのか等々といった、道具としての包丁の在り方が如実に閃いてくることになります。そして、いらいらしながらそれを探している時に典型的となるように、包丁という道具は、それが見つからないために、より一層、道具としての包丁の在り方が、私に押しつけがましく迫ってくることになります。つまり、包丁が手元にないことによって、調理の可能性の実現が妨げられているだけではすまなくなります。さらには、道具としての包丁そのものが、これからしようとしていた調理のためだけではなく、これまでしてきたすべての調理のためにも欠くべからざるものであったことが、その便利さや手ごろさといった包丁に備わる道具としてのありがたさと共に、包丁として、いわば自己主張をしてくるかのように、私に迫ってくることになります。

ですから、ここにおいても、道具が使用できないことによって道具が目立つ時と同じことが、つまり道具の不在により道具が実は何であったかが閃いてくると同時に、閃いてきたことが当の道具の存在をそれまでは支えていた深さの次元であった、ということが窺われることになります。それゆえ、ハイデッガーの文脈からはやはり外れることになりますが、物を大切に扱うことは、その当の物がどのように適切に配置されているか、ということにも密接に関わっているはずです。

三つ目の、道具の「逆らい（Aufsässigkeit）」とは、道具が損傷しているのでもなければ、手元にないわけでもなく、むしろ、利用可能であり、手元に在るにもかかわらず、私が実現しようとしている可能性へと通じる「道筋にとって邪魔になっている（im Wege liegen）」（S. 73f.、一六五頁）時に生じます。この場合には、道具そのものは、私の手元に在って、私のために様々な可能性を開いてくれているはずです。しかし、私にとって、その道具が、「それを気にかけておらず、そのための暇がないものの」である時には、その道具は、「場にそぐわないもの、片づいてないものという在り方で」（S. 73、一六五頁）閃いてきます。

例えば、台所に山積みにされている洗われていないままの食器類や、食べ残しの料理がそのままになっているテーブルの上の茶碗や皿などが、逆らってくる道具の典型例です。こうした時の茶碗や皿は、食べ残しの場合に典型的となるように、まさにその中に料理があるのですから、上述の二つの場合とは異なり、道具としての食器の機能をはたしているはずです。そうであるからこそ、テーブルの上に同時に置いてある、例えば新聞といった他の物とは異なり、食べ物が入っているこの時の食器は、その道具としての使われ方を全《まっと》うしているはずです。それゆえ、それを使って食事をするという、私の生命を維持する可能性のためにその場所にある、というその適切さを発揮できないようにさせているのは私自身に他ならないことを、それらの食器がいわば私に訴えかけているのでしょう。

ハイデッガーが記述しているように、こうした事態が生じるのは、他でもない私自身がそれを気にかけていないからである以上、その道具の本来の在り方自体が私の振舞いに対して逆らってくるわけです。逆らいの原語 Aufsässigkeit は、「敵意を持っていること、恨みを抱いていること、反抗すること」、といった意味をもっています。ですから、こうした仕方で逆らってくるものは、一見すると道具の機能を発揮しているはずなのに、その在り方を全うさせてくれない私に対して、文字通り恨みがましく私に迫ってくる、と言い換えることができるかもしれません。それゆえ、例えばテーブルの上に置いてある新聞と同様、それに実際に関わっていないため、実際には私の振舞いを妨げることはないにもかかわらず、新聞とは異なり、それらの食器は、私にとっては邪魔になるわけです。

ハイデッガーの文脈からかなり逸脱しながらも、道具が道具であることが閃いてくる時について以上で探ってきたことからは、道具が道具としての在り方を全うしていない時にこそ、当の道具が何であるかが目立ってきたり、押しつけがましくなったり、逆らうという仕方で私に迫ってくることを感じられることが、それゆえ道具の現われには、深さの次元があることと、道具へのこの次元での感受性がどのようなものであるのかが、多少は明らかになったのではないでしょうか。

三 芸術作品における道具の現われ

ところで、第4章第1節二で探ったところの（本書一三九—一四三頁）、画家と物との関係に関してメルロ゠ポンティが記述しているのと同様のことが、芸術とは、隠されていないという意味での真理の開示のことである、とするハイデッガーの場合にもみられます。

上述した、道具の在り方が閃いてくることに気づくためには、深さの次元に対する感受性が求められるのでした。他方、真理とは或るものが覆われることなく現われていることであり、それゆえ同時に美しいものである、というハイデッガーの真理観に従えば、芸術家は、通常は私たちに捉えられない真理を、芸術作品を介して捉えさせてくれることになります。ですから、芸術作品は、日常生活においては、覆われているために気づかれることのない事柄を、私たちに捉えさせてくれることにもなります。そのため、道具に関する芸術作品は、上述した目立つこと、押しつけがましくなること、逆らってくることを介した場合よりも、道具の閃きをより一層容易に私たちに開示してくれるはずです。真理と芸術に関する詳しい考察は、他のところですでに書きましたので、ここでは、芸術作品において道具の本質が開示されてくる典型例の一つである、ゴッホの「一足の靴」の絵についてのハイデッガーの豊かな記述の一部を、次節で言葉と物との密接な関係について探る際にも必要となるので、かなり長くなりますが、紹介したいと思います。(4)

……畑にいる農婦は靴を履いている。ここにおいて初めて、靴はそれで在るところのものである。……農婦は靴を履いて立ち上がり歩き出す。実は、そうした仕方で靴は［農婦に］奉仕する。……［こうした時の靴の在り方を、ゴッホの絵は、次のような仕方で私たちに語りかけている。つまり、］靴という道具から滲《にじ》み出てくるその内面がぼんやりと開かれてきて、［そこから］農作業の辛苦が［その靴を見ている者を］じっと見つめだす。無骨なまでに頑丈な靴という道具の重さの中には、荒涼とした風がその上を吹きすさび、遠くまで伸びていてどこまで行っても同じような畑の畦道を通って、ゆっくりと歩いた［その靴の］強靭《きょうじん》さが浮かび上がっている。靴皮には、耕土の湿り気と豊穣《ほうじょう》さが漂っている。靴底には、黄昏《たそがれ》ゆく夕べに染められた野の道の寂寥《せきりょう》感が忍び込んでいる。靴という道具の中には、大地の黙せる呼び声と、実り豊かな穀物を贈る大地の静かな恵みと、冬の野の荒れはてた休閑地では不思議なことに己を拒む大地の否《いな》みとが揺らめいている。〔日々の〕糧《かて》の確保への嘆くことなき気遣いや、困窮を再び耐えることへの言葉なき喜びや、〔子どもの〕誕生を待ちわびる〔戦慄《せんりつ》にも似た〕武者震いや、死の脅かしに対する戦《おの》きがこの道具を貫いている。この道具は大地に属し、農婦の世界の中で見護られている。このように見護られて大地に属していることから、道具は生まれ出てきて自ら己自身に安らう。……しかしこれらのすべてを、私たちはおそらくただ絵の中の靴という道具からのみ見てとる。他方、農婦はただ靴を履いているだけである。このようにただ靴を履くということが、ただそうして履かれてさえいれば。〔……〕夕方遅くなって、農婦が、厳しくもあるが健やかな疲れの中で靴を脱ぎ、それを片づけ、そして明け方のまだほの暗い薄明かりの中で、すでにもう再び靴に手を伸ばすたびに、あるいは祝日にはその靴の傍らを通り過ぎるたびに、彼女は、観察したり注目したりすることなく、上述したことをすべて知る。確かに、道具が道具であることの本質は、その奉仕性にある。……道具が道具であること〔の本質〕が見つけられた。だがどのようにしてか。……私たちがファン・ゴッホの絵の前へと赴いたことによってのみである。ゴッホの絵が語ったのである。この作品の近くでは、私たちは突如として、通常そこに居ることを常とする所とは異なった所に居たのである。（UK, S. 18-S. 21, 三二―三六頁）

ハイデッガーによって記述されていることは、ゴッホの絵からは直接知覚できないことです。つまり、この記述によって私たちに開かれてくることは、農婦の靴そのものを超えて、靴の本来の使われ方や、その靴を通して垣間見えてくる、日常的な農婦の生活と、その生活を支えている大地の在り方である、ともいえます。しかも、記述のこうした豊かさと深さは、「一足の靴」の絵だけではなく、絵画一般を、さらには芸術作品一般を享受するに際しての、私たちの経験を深め、より豊かなものへと導いてくれるはずです。それゆえ、こうした記述によって開かれてくることは、まさに深さの次元に属することであり、それこそ自分の靴や、自分の生活や、芸術に対する私たちの感受性を豊かに育んでくれる、といえるのではないでしょうか。

物についてのハイデッガーによるこうした捉え方は、彼の後期になるに従い、より一層深められ豊かな言葉で語りだされるようになります。そこで、次節では、『存在と時間』が執筆された時期を前期と呼ぶならば、真理や言葉についての思索を深めるようになった後期のハイデッガーにおける、物と言葉についての思索を手がかりに、物の現われと世界との関係について、探っていきたいと思います。

2 物の現われと言葉の世界

一 ロゴスと世界の綾なし(5)

ロゴス（logos）という語は、言葉、理性、意味、論理といった意味で使われたり、理解されることが多く、情念という意味でのパトス（pathos）と対比されるのが通常でしょう。しかし、語源学にも通じていたハイデッガーによると、ロゴスは、流転する万物を私たちに現われるようにさせ、そこに留まらせることを支配している、とされます。真理についてのハイデッガーの言葉を使えば、ロゴスは、物が隠されることなく私たちに現われてくることを支配していることになります。そして、ギリシャ時代の哲学者の一人であるヘラクレイトスが、ロゴスは、「根源的に［何かを］集めつつ、［自らも］集められている集約態」である（EM, S. 98, 一六三頁）、とみなしていることを端緒として、ハイデッガー自身は、彼独自の観点から、ロゴスについて次のように述べています。「［人間の］目の前に現われている物が［その人間に］輝き現われるべきであるなら、ロゴスは［人間が］そのロゴスに即すること（homologein）を求めている」（VA, S. 218）、と。ですから、ハイデッガーがいうところの、ロゴスに即することは、言葉としてのロゴスが「語っていることに聴き従う」（VA, S. 207）ことを意味する、ということになります。

そのうえで気をつけなければならないのは、ここでいわれている集約態とは、例えば靴が皮や紐といった多くの部分によって造られている物のことではない、ということです。そうではなく、或る物と共に、その物に纏《まつ》わることが同時に私の前に現われている、という事態を意味しています。ですから、『存在と時間』においては、道具の在り方と対置されていた「手前に在ること」という物の捉え方が、後期のハイデッガーにおいては、もはやなされていないことになります。この時期のハイデッガーにとっては、物の在り方そのものではなく、私たちの通常の捉え方によっては隠されている物の在り方が語や言葉によって豊かに開示されてくる、という事態が重要な思索の事柄となっています。

ハイデッガーにおいても、メルロ＝ポンティの場合と同様、まずは、ロゴスの語りに聴き従うことは、語られている物の名前やその物が置かれている状態等を聞き知ることではない、ということになります。そうではなく、ハイデッガーがヘラクレイトスに託して述べているように、語りだされている物が、私たち人間に現われてきて、私たちの目の前に在り続けることを可能にしている事態に私たちがいわば共振するかのように、ロゴスの語りに聴き従う、ということが求められます。

すると、このことに対応して、言葉を発すること、つまり発語することとは、何らかの物や事態や事柄を名指したり、それについて説明したり、あるいはまた、自分の考えや判断や気持ちを表現することでもないことになります。そうではなく、ハイデッガーのいうように、「発語すること……は、覆われることのない状態に置かれているもののすべてを私と一緒に私の眼の前に在るようにさせるべく、自分の本務を全うする（wesen）」（VA, S. 204）ことになります。

以上、ハイデッガーに独特の表現から、多少わかりにくい言い回しとなったため、ロゴスの語りに聴き従うことがどのようなことかを、すでに引用した、ゴッホの「一足の靴」の絵についてのハイデッガー自身によるロゴスの語りに即して、筆者なりに展開してみたいと思います。

ロゴスとして発語することとは、例えば、当の靴を眺めて、その形状や様々な特性について表現することでもなければ、その靴を自分で履いてみて、その履き心地等を報告することでもないはずです。あるいは、その靴がどのような仕方で製造されたのかを説明することでもないはずです。

そうではなく、ハイデッガーがその靴について記述しているように、「農作業の辛苦」、「［その靴の］強靭さ」、「耕土の湿り気と豊穣さ」、「［日々の］糧の確保への嘆くことなき気遣いや、困窮を再び耐えることへの言葉なき喜びや、［子どもの］誕生を待ちわびる［戦慄にも似た］武者震いや、死の脅かしに対する戦き」等が、ロゴスとして発語されることによって、当の靴と共に私たちの前に現われてきて、それらを私たちの前に控えさせてくれます。そして、発語としてのこうしたロゴスの語りに即する、という仕方で聴き従うことは、農作業の辛苦、嘆くことなき気遣い、言葉なき喜び、武者震い、戦き等に共振しつつ、ロゴスが語りだしてくれている上述した事態を、自分自身の前に留めおく、ということになるのでしょう。

しかも、ロゴスとして発語しているハイデッガーの言葉は、さらには、「黄昏ゆく夕べに染められた野の道の寂寥感」や「大地の黙せる呼び声と、実り豊かな穀物を贈る大地の静かな恵みと、冬の野の荒れはてた休閑地では不思議なことに己を拒む大地の否み」を語りだしてもいます。そして、これらがこうして語りだされることによって、農婦が自分では日々意識することのない、農作業を営んでいる彼女の世界がどのような世界であるかが、見事に描き出されます。ですから、ロゴスとしての言葉は、この例でいえば、靴の表情（Gebärde）やそれを履いている農婦の世界を美しく描き出してもいるわけです。このことをハイデッガーの言葉で言い換えれば、ロゴスとしての言葉は、「世界を綾なす（Welt gebärden＝世界の振舞いとなる）」（US. S. 22）、といえることになるでしょう。⑹ つまり、「一足の靴」について、「野の道の寂寥感」や「大地の静かな恵み」や「大地の否み」といった言葉を発語することとは、「農作業の辛苦」に満ちている農婦の世界の模様を描きだし、この世界が彼女自身にとっては寂寥感に満ちた恵みや否みとして振舞っていることを、私たちに豊かに開示してくれています。

そして、ロゴスがこうした仕方で私たちの世界を綾なしてくれるのも、覆われることのないあるがままの物それ自体が、上述の例でいえば、一足の靴それ自体が、農婦の世界をハイデッガーが語りだしてくれた世界にしているからに他ならないはずです。ですから、ロゴスだけではなく、そもそも「物は、世界の振舞いとなる［＝物は世界を綾なす］」のであり、このことに対応して、「世界は物を慈しむ」（US. S. 24）のでしょう。こうした事態を、ハイデッガーは、「発語することは、物に託して世界を信じ、同時に物を世界の輝きにもたらす」(US, S. 24)、と見事に表現しています。そして、ゴッホの「一足の靴」についてハイデッガーが発語していることは、辛苦に満ちた農婦の世界を、この絵と同様の仕方で、世界の輝きにもたらしている、といえるでしょう。

ですから、ロゴスのこうした発語に聴き従うことは、通常の仕方で、言葉を聞いたり理解している時には体験できない深さの次元で、言葉に聴き従うことへの感受性を豊かにすることになるはずです。

確かに、物が私たちの世界を綾なす、ということは、一見すると奇妙なことのようにみなされるかもしれません。しかし、例えば、私たちが日常の忙しさから身を退き、満たされた気分で周りの風景を眺め、現われてくるがままの風景や風景の一部に身を委ねるならば、その時々の気分に応じて、それらの風景は様々な表情を私たちに見せてくれていることに気づくはずです。ですから、こうした時に、例えばその風景に見合った俳句や詩の一節が心に浮かんでくると、ロゴスとしてのそれらの言葉によって、当の風景がさらに豊かに綾なされる、といったことが生じるはずです。確かに、いつもとは異なる表情を伴った風景のこうした現われやその時の世界の振舞いは、その時々の私たちの気分や感情の反映として、つまり内的な心の投射として、容易に理解されるでしょう。しかし、後期のハイデッガーによる物のこうした捉え方は、私たちの気分や感情によって物の現われが異なってくる、といった事態を超えて、反映の戯れという思索に通じていきます。そこで、次に、物における反映の戯れについて探っていきたいと思います。

二　反映の戯れ

後期のハイデッガーによれば、確かに世界内のすべての物ではないにしても、或る物は、四つのものを取り集めている、とされます。そして、こうした観点から捉えられる物を、「四つにまとめられた物（Geviert）」と呼びます。後で、葡萄酒《ぶどう》を例として示すように、物についてのハイデッガーのこうした捉え方は、彼の哲学的な観点から導かれるのですが、その前に、ここではむしろ、四つにまとめられた物についてのハイデッガーの記述に着目し、世界や物が、どのようにしてより豊かに私たちに現われてくるかを、まず探っておきたいと思います。

物に取り集められている四つのものは、それぞれ、大地と蒼穹《そうきゅう》と神々しいものと死すべき者である人間、とされます。そしてハイデッガーは、これら四つのもののそれぞれを、次のような豊かな言葉で描き出しています。

まず、「大地（Erde）とは、［その上に在るすべてのものに］仕えながら［それらを］担うもの、開花しながら実を結ぶもの、伸び拡げられて岩山や河川となり、はじけ開いて農作物や家畜となるもの」（VA, S. 143, vgl. S. 170）、とされます。次に、「蒼穹（Himmel）とは、弓形をなす太陽の運行、形を変える月の移行、移り行く星座の輝き、歳月としての時間とその変わり目、昼の光とその薄暮、夜の暗さと夜明け、天候による豊作と不作、雲の流れと霊気の紺碧《こんぺき》の深さである」（VA, S. 144, vgl. S. 171）、とされます。大地と蒼穹についてのこの記述によっても、私たちが日常生活においては忘れている、自然の美しい在り方が、見事に描き出されています。

「神々しいもの（Göttliche）とは、神そのもの（Gottheit）を証してくれる先触れのことである」とされ、「神そのものの聖なる摂理から、神が現在へと現われてきたり、あるいは覆いの中へと身を退ける」（VA. S. 144, vgl. S. 171）、とされます。ただし、ここでいわれている神そのものとは、キリスト教的な神が考えられているのではなく、むしろ、自然神といったものに近い、と思われます。

そして、最後に、「死すべき者（Sterbliche）とは、人間のことである」、とされ、「大地の上に、蒼穹の下で、神々しいものの前に留まる限り、人間のみが死ぬのであり、しかも永久にそうである」（VA. S. 144, vgl. S. 171）、とされます。ハイデッガーが、ここで人間を死すべき者と呼んでいることには、彼に特有の想いが込められています。つまり、「動物は死を死として自分の前にも自分の後にももつことはない」ため、その生を「終わらせる」（VA. S. 177）しかないのに対し、人間のみが、「死を死として心得ている（den Tod als Tod vermögen）」（VA. S. 144）からです。

人間の死に対するハイデッガーのこうした特別な想いは、すでに『存在と時間』において、かなり緻密に思索されています。誰でもが不安に感じざるをえない死という、自分の存在の終りへと向かって想いを馳せることによって、ハイデッガーの言葉でいえば、死への存在（das Sein zum Tode）によって、自分の全存在が自分自身に開示される、ということにハイデッガーの想いが集約されています。

自分が死ぬことを恐れ、死を忌み嫌い、そこから目を背けるために、日常的な忙殺に身を委ねる在り方を非本来的な在り方とし、自分の死へと先駆けることによって、自分の本来の在り方が、自分自身にありのままに現われてくる、というハイデッガーの捉え方は、私たちにもある程度頷《うなず》けるところがあるはずです。自分の死を前にした時、私たちは耐えられない不安に陥ってしまうのは当然のことでしょう。しかし、自分の死を受け入れた人は、例えば、財産や地位や名誉といったものはどうでもいいものとなり、自分とは本当はどんな人間だったのか、自分はいったいどんな生き方をしてきたのだろうか、といった想いに駆り立てられることにより、本当の自分に出会えることになるのではないでしょうか。そして、このことにより、私たちは、世俗を解脱《げだつ》し、自分に残された時間を本当の意味で慈《いつく》しむことができ、自分に残された可能性を精選し、それだけを実現しようとするのでしょう。それどころか、シモーヌ・ド・ボーヴォワールの『人はすべて死す』に描かれているところの、決して死ぬことがない主人公の苦悩と悲劇からは、私たちの死が、本来避けられるべきものではないことを窺い知ることができます。

確かに、不幸や災難による不慮の死は、非常に痛ましく、当人にとって無念であるだけではなく、残された者にとっても、耐えられないほどの無念さとやりきれなさをもたらすことは、否定できないはずです。筆者自身も、ワイマールの郊外のブッヘンヴァルトにある、かつてのドイツの強制収容所の跡地を訪れたことがあります。そこに建てられている資料館に陳列されている、例えば「囚人番号リスト」等は、それが単なる数字の羅列であることによって、むしろより一層、不当な死の凄惨《せいさん》さと、そこで命を絶たれた一人ひとりの人間のかけがえのなさを集約しつつ、そうした人々の様々な想いがそこに集約されている、ということを、背筋が凍るほどの衝撃をもって実感させられました。しかし他方で、自分の生を全うした人間の死は、哀しい出来事には変わりがなくとも、その死には、何か神々しさや、生を全うしたその人への尊厳さえ抱くことができるはずです。そして、人間はすべて死ぬからこそ、人間の日々の営みに、あるいは人間的な出来事に、絶望や、悲しさや、郷愁や、後悔や、悲哀といったいわゆる哀れさを感じられるだけではなく、やりがいや、希望や、喜びや嬉しさといった、至福感が生まれるのでしょう。

ですから、後期のハイデッガーも、「死は無の棺《ひつぎ》である」としながらも、「死は無の棺であるからこそ存在の御守り（Gebirg）である」（VA, S. 171）、といいます。そのうえで、ハイデッガーは、「人間で在ることとは、住まうこと（Wohnen）で安まるのですが、そうであるのは、死すべき者が大地の上に留まるという意味で、そうなのである」（VA, S. 143）、とします。そして、「『大地の上で』ということは、それだけですでに、『蒼穹の下で』ということを意味することになる」と同時に、「この二つのことは神々しいものの前に留まることも共に意味し、しかも、『人間間の相互性に属しながら』ということを含む」（VA, S. 143）、とされます。

死すべき者であるために、こうした仕方で住まう時にこそ、私たちは、ものの哀れを感じると同時に、至福感もえられるのでしょう。また、大地に支えられ、蒼穹の下で、一日の流れや、四季の移り行きに対し、歳を重ねるにつれて敏感となるだけではなく、そうした移ろいの中で、すべての物や出来事に愛おしく接することができるはずです。すると、高齢者が、ゆっくりと時間をかけて散歩をしたり、日向《ひなた》ぼっこをしたり、孫の遊んでいる様子をただ眺めているからといって、一見すると、何をするのでもなく日々を過ごしているようにみえても、当人にとっては、その一瞬一瞬は、日々の流れや四季の移り行きと、その中で生起している出来事に愛おしく接している至福感に浸《ひた》されているのかもしれません。ですからハイデッガーも、「住まうことの根本特徴は、いたわること（Schonen）である」（VA, S. 143, vgl. S. 144）、と、あるいは、「死すべき者［である人間］は、四つにまとめられた物をその本質においていたわる、という仕方で住まっている」（VA, S. 144）、というのでしょう。

ハイデッガーもいっているように、死が無の棺である以上、こうした仕方で住まうことによって感じられることは、認識によっては決して可能とはならず、存在の深遠に到る深さの次元に潜んでいる感受性によってのみ捉えられることなのでしょう。そして同時に、大地と蒼穹と神々しいものと死すべき者という、四つのことをいたわりつつ住まうことによってのみ、私たちの感受性は豊かに育まれることになるのでしょう。

では、こうした仕方で住まう時、四つにまとめられた物は、どのようにしていたわられるのでしょうか。ハイデッガーは、その代表的なものとして、橋と壺をあげているのですが、ここでは、壺についてのハイデッガーの記述を追ってみたいと思います。

壺を献上することは、つまり葡萄酒をそこに「注ぎ入れて〔神々しいものへと〕献上することは、大地と蒼穹、神々しいものと死すべき者とがそこに留まっている限りにおいて、献上となる」(VA, S. 166) わけです。つまり、壺には、大地の糧の上で、蒼穹の恵みの下、死すべき者である人間によって育てられ、大切に育てられた、葡萄から作られた葡萄酒が注がれています。そして、葡萄酒によって満たされた壺が神々しいものへと献上されるわけですから、壺は、これら四つがまとめられた物となっているわけです。ですから、四つにまとめられた物としての壺は、これら四つのものを「収集」していることになります (vgl. VA, S. 166)。このことは、物に当たる英語やドイツ語の thing や Ding という言葉が「集まり」を含意していることからも窺えます。

しかし、ハイデッガーによれば、これら四つのものは、単に或る物の中に収集されているだけではありません。上述した壺の場合からも明らかなように、「四つのもののそれぞれは、それぞれの仕方で、残りのものの本質を、反映し返す (wiederspiegeln)」(VA, S. 172) ようにと、収集されています。つまり、収集されたものとしての物は、「四つにまとめられた物の反映の戯れ (das Spiegel-Spiel des Gevierts)」(VA, S. 172) として、つまり世界として照り映えてくることになります。事実、私たちは、壺から葡萄酒を注ぎ出し、その味と香りを享受する際に、ハイデッガーの記述に即して、大地によって育まれ、蒼穹の恵みを受け、神々しいものへと献上している、死すべき者である人間について想いを馳せることができるはずです。

確かに、ハイデッガーによって捉えられている、四つにまとめられた物は、壺や橋といった特定のものに限られるのかもしれません。しかし、反映の戯れについてのハイデッガーの思索を、次に述べるように、やはりハイデッガーによって指摘されている、「滞留」へと敷衍《ふえん》するならば、私たちは、ごく普通の日常生活においても、感受性豊かに、物や出来事をいたわりつつ、愛おしむことができるはずです。

私たちは、自然科学的な考え方に従って物事を捉えることが当然であるだけではなく、そのように捉えることによって正しい判断ができる、と素朴に信じています。そのため、すでに第2章でサルトルと共に捉えなおしたにもかかわらず（本書六八頁）、因果論に従って物事を捉える傾向があります。このことは、「なぜ」という疑問詞によって物事の生起を捉える場合に典型的となります。また、学問的に研究する際にも、「なぜ」という問いを大事にするように、ということは、初心者に対するアドヴァイスともなっています。

しかし、原因や理由を問う「なぜ」という疑問詞の答えを導く「なぜならば」に当たる weil というドイツ語が、本来は dieweil という、「～の間は」を意味していたことから、因果論に従う捉え方ではなく、次のような仕方での物事の捉え方が導かれます。

例えば日本語でも、「なぜ外出しないのですか」という問いに、「雨が降っているから」と答える時、確かに、この問いと答えは、外出しない理由を問題としている、と捉えることが普通でしょう。しかし、「雨が降っているから」という言葉は、「雨が降っている間は（外出しない）」、というようにも捉えられるはずです。そして、この時には、「から」という言葉は、雨が降っている間、という時間間隔を、あるいは雨が降っている、という状態が続いている間、という「滞留すること（dieweilen）」を意味することになります(7)（SG, S. 207）。

同様にして、例えば、「彼がいつもの席にいないのはなぜ」という問いに対する、「風邪を引いているため、家で寝ているから」という答えも、風邪を引いたことが原因となって彼がここに来られないことではなく、やはり、彼の風邪の滞留としても捉えることができるはずです。そして、この時には、いつもの席に彼がいないことは、同時に、彼が自宅で、熱に浮かされて苦しんでいることの現われともなっています。つまり、ハイデッガーの、反映の戯れを幾分拡大解釈すれば、彼の不在が、同時に、彼が自宅で熱に浮かされていることの反映となっている、といえるでしょう。ですから、この時には、彼の姿が見えないことが、自宅での彼の在り方の現われとなっているという意味で、つまり、物理的には見えないものを同時に「見ている」ことによって、見方がより豊かになる、といえることになるはずです。また同時に、彼に対する想い遣りも、それだけ濃《こま》やかなものとなっていると、つまり感受性が豊かになっている、といえるはずです。

同様にして、旅をしている人のために供えられている陰膳《かげぜん》は、その人の無事であることの滞留となっていることになります。また、故人を偲《しの》んで仏壇に供えられる故人の好物は、残された遺族の想いの滞留として捉えられることにより、遺族の想いに寄り添うことを私たちに容易にしてくれるはずです。というのは、供えられた物は、故人が生きていた時には自分の目の前でそれが食されていた時の生きいきとした状況の滞留ともなっているからです。そうであるからこそ、現実には、その人の好物がいつまでたってもそのままに留まっていることになり、その人がもはや失われてしまった人であることが、より一層ありありと、実感させられるのでしょう。「その人のために作った好物を食べてくれる当人はもういないことが実感されて辛いから、もうそれを作れない」、といった遺族の辛さや悲しさも、以上のことを示しているのではないでしょうか。

こうした滞留は、次のような場合に、より容易に実感できるはずです。「ビールが旨いのは、喉《のど》が渇いているから」なのですが、こうした時、私たちは、喉が渇いていることが原因となって、ビールが旨く感じる、といったことを体験しているのではないはずです。この「から」も、喉の渇きの滞留として、つまり、喉が渇いている間は、ビールが格別旨いという、反映の戯れとして経験できるはずです。それどころか、ビールを一口飲んだまさにその時、私たちは喉の渇きをそれ以前よりもはっきりと実感できるのではないでしょうか。

以上で例示した、或る状態がそれとは対立する他の状態と同時に生起している、という考え方は、クラウス・ヘルトによると、ヘラクレイトスまで辿《たど》れるそうです。つまり、ヘラクレイトスによれば、例えば、暑さは寒さの不在であり、戦争は平和の不在であり、睡眠は覚醒の不在である、とされます（vgl. Held, 1980, S. 110ff.）。それゆえ、私たちが、相互に対立する状態のこうした同時的存在と、それゆえ、一方から他方への絶えざる移行可能性とに敏感になることは、単に一方の状態しか捉えていない時よりも、状況をより豊かに捉えることに、また、一方の状態にありながらも、それと対立する状態に対する感受性を絶えず高めておくことにも通じるはずです。例えば、平和が、戦争への移行の不安や戦争によってもたらされる悲惨な状況や非人間的行為の不在として捉えられることによって、私たちは、平和な状況がどれほどありがたいものであり、かけがえのないものであるかを実感できるようになるはずです。それどころか、暑さは、寒さの不在であるからこそ、暑さとして体感できるはずです。

確かに、認識や思考によって、他方の状態への移行を考慮することもできるでしょう。しかし、その時の考慮は、意志や意図によって保持されている間だけしか続かないはずです。他方、ヘラクレイトスのいうような仕方で、相互対立的な状態とその移行とに敏感であることは、状況そのものの生き方自体が豊かな感受性に支えられていることとも相俟って、意図や意志なしに、当の状況を豊かに生きることを可能にしてくれるはずです。上述したように、相互対立的な移行に敏感になるといったことが、意思や認識によってではなく、私たちの在り方そのものの深い次元で生じている以上、こうした次元での私たちの在り方を、大切にすべきではないでしょうか。

本書では、ここまでの各章で、各現象学者の記述に即して、次のことを探ってきました。第2章では、サルトルに学ぶことによって、意識の微妙な在り方と、そうした意識の在り方に敏感になることによる豊かな感受性について。第3章では、ブーバーに学ぶことにより、我‐汝の関係における身体的作用の及ぼし合いと、他者関係を介して自分の世界の閉鎖性から解き放たれることによる、新たな世界の開示について。第4章では、メルロ‐ポンティに学ぶことにより、物に住まうことによって世界へと身体が開かれたり、概念的意味の根底に控えている実存的意味によって言葉への感受性を豊かに育めるようになることについて。そして、本章では、ハイデッガーに学ぶことによって、物の現われにおける深さの次元で開かれてくる、豊かな世界とその世界に言葉を介して感受性豊かに出会うことについて、探ってきました。つまり、意識の在り方や、他者との関係や、身体と言葉との密接な関係や、物の現われにおける深さの次元を、感受性を考慮しながら、そのつど探ってきたわけです。そこで次章では、フッサールに学びながら、ここまでで探ってきたことのいくつかについて、さらに探ってみたいと思います。

注

(1) 例えば、『現象学から授業の世界へ』第7章第1節で、このことについて考察しました。

（2） ハイデッガーの訳語は、邦訳書によってかなり異なる言葉で訳されていますが、本書の趣旨に合わせて、そうした訳語や筆者自身のこれまでの訳語とも異なるものにしました。

（3） 本章に限り、ハイデッガーの『存在と時間』からの引用は、頁数のみによって指示します。また、それ以外の著作からの引用に際しては、以下の略記号により、引用箇所を指示します。

UK: Der Ursprung des Kunstwerkes『芸術作品のはじまり』

EM: Einführung in die Metaphysik『形而上学入門』

VA: Vorträge und Aufsätze

SG: Der Satz vom Grund

US: Unterwegs zur Sprache

（4） 真理と芸術との関わりについては、『授業の現象学』で幾分詳しく考察しました。ハイデッガーの当該の全文は『教育の現象学』で邦訳しました。

（5） 本項は、『授業の現象学』第7章第2節「言葉と世界」の内容を、本書の目的に合わせて、部分的に取り出し、加筆修正したものです。

（6） gebärden という動詞は、「振舞う・～の態度をとる」という意味の再帰動詞［＝主語の行為が主語自身に及ぼされる動詞］としてしか使われないため、ハイデッガーのこの原文は文法的には破格です。しかし、その意味は、言葉によって描き出される物が、直接には経験されることのない世界のいわば表情（Gebärde）として、その世界の美しい彩どり（Kosmos）を成していることが、言い換えれば、その世界の秩序（Kosmos）に基づいて現われてくることが、世界のいわば振舞い方となっている、ということであると思われます。こうしたことから、日本語では非常に訳しにくいのですが、本文の訳語を当てました。

(7) 日本語においても、古典においては「から」が同様の意味をもっていたことについては、田端健人(二六一頁以下)が考察しています。

第6章 気分と多数の他者との関係について
フッサールから学ぶ

本章では、前章までで各現象学者に導かれて探ってきた事柄の中から、身体と物の現われとの密接な関係と、気分や雰囲気に関わることを再び取り上げ、エトムント・フッサールを導きとして、これらを多数の他者との関係という観点から、探ってみたいと思います。そのための準備として、第1節では、まず、身体の感受性について探り、次に、気分や感情の発生過程について探りたいと思います。そのうえで、第2節では、筆者のこれまでの主たる研究領域の一つである小学校の授業に即して、多数の他者と共に生きる時の感受性について探ることにします。

1 身体の感受性

一 身体と物の現われとの一体的生起

知覚と運動との一体性については、すでに第4章でメルロ-ポンティと共に探りましたが、ここでは、フッサールの記述から、身体の感受性について、さらに探ってみたいと思います。

例えば、私が動いている物を見続けている時、私は、その物の動きを追いかけるような仕方で眼や頭や身体全体を動かしているわけではありません。その物を視野の中心部で見続けるには、私の身体は、その物の動きを先取りするような仕方で、視野の中心部からその物体が一瞬たりともずれることのないようにと機能しているため、身体の動きとその物体の動きは、どちらが先ということではなく、一体となって変化しているはずです。ですから、いわゆる刺激を受けた身体が反応し、その反応に応じて刺激が変化し、その変化に身体が再び反応する、といったことは生じていません。

物体の現われの変化と身体の動きとのこうした一体的な在り方を記述するために、フッサールは、ギリシャ語で、運動を意味するキネシス（kinesis）と知覚を意味するアイステシス（aisthesis）を合成した言葉であるキネステーゼ（Kinästhese）という言葉を使い、次のように述べています。つまり、「知覚においてそのつど現われてくる物体の局面の提示［のされ方］とキネステーゼとは、並行して経過していくのではなく、……物体の諸局面が［実物の］物体の局面となるようにと、それら両者は共同して働いている」(Kr. S. 108, 一四七頁)、と[1]。ですから、キネステーゼとは、それが直訳されるところの運動感覚とは異なります。そうではなく、例えばスクリーンに映し出された映像や視野の中を不規則にちらつく残像の場合とは異なり、物自体や私の身体の動きの変化にもかかわらず、その物を実物として知覚可能にしているのが、キネステーゼであることになります。

こうしたキネステーゼがどのように生じているかは、例えば、視野の中心部で或る物を見て、それから視野の周辺部に在る他の物へと視線を移す時に生じていることに注意深くなれば、より一層実感できるはずです。この時には、私の視線をどのくらいの方向へどのくらい移せばいいのかを、頭で考えることなく、これからよく見ようとしている物に私の視線がいわば引きつけられるかのような仕方で、私の身体の動きと視野の変化は一体となっています。また、私の視線がこうした仕方で、新たに見ようとしている物に引きつけられるのは、それを見る前に、それが私の身体によってすでに見られていたからであるはずです。

視野の中心部に在る物は、私からの距離やその物の細部や奥行きも明確に捉えられているのとは対照的に、視野の周辺部に在る諸物は、あらかじめ見られているといっても、私からの距離やその細部やその奥行きだけではなく、それと境を接する他の物との区別等々が非常に曖昧にしか捉えられていません。そして、まさにそうであるおかげで、メルロ-ポンティが、視野の周辺を「眠らせておく」

と表現していたように（本書一三二頁）、視野の周辺部に在る物のすべてが、背景として、視野の中心部に在る物を際立たせてくれているわけです。

あるいは、運動選手のいわゆる動体視力ということが生理学的に問題とされることがあるようですが、それもキネステーゼの能力に応じた、物の動きを見分ける知覚能力、とみなせるのではないでしょうか。つまり、静止している物の細部をどれだけ正確に見分けられるかではなく、また、動いている物の動きに合わせて、自分の身体がどれだけ適切に対応できるかではなく、その物の動きと身体の動きが一体となっている時に、運動選手の身体は、最も自然な仕方で物の動きに対応している、あるいはむしろ、その動きに引きつけられるかのように、身体が勝手に動いてしまうのでしょう。そして、こうした時にも私の身体と物の現われはキネステーゼ的に一体となっていると、あるいは、キネステーゼとしての身体能力に応じて、物の見え方が異なる、といえることになります。

確かにこのこと自体は、私たちが物を見ている時に普通に生じていることですから、ことさら問題とする必要はないのかもしれません。しかし、身体と外界の現われとの一体的生起という、フッサールによってキネステーゼと呼ばれている事態を考慮すると、身体の感受性とも呼べるような、身体能力がどのようなものかが明らかになるはずです。

筆者は、大学教員であるという職業上、学部学生や大学院生の書いたものを日常的に読まなければならない立場にあります。そして、そうしたものの中には、パーソナルコンピューターの操作によるいわゆる変換ミスや誤字脱字がほとんどないものがある一方で、許容範囲をはるかに超えたいわゆるケアレスミスもあります。こうした違いが生じるのは、きちんと推敲したかどうか、ということにあることは確かでしょう。

しかし、卒業論文や修士論文の指導のように、そうした学生や院生とかなり長く付き合っていると、時間をかなりとって自分なりにいくら推敲しても、ケアレスミスがなかなかなくならない場合があります。しかもそうした場合、ミスがその論文のいわゆる質とは関わりのないことがあります。そして、ここで探ってみたいのは、いわゆる注意力不足といわれているこうした事態も、やはり上述したキネステーゼとしての身体能力と密接に関わっているのではないか、ということです。

最近は、コンピューターに打ち込まれたものがプリントアウトされているため、そのすべての文章は、視覚的には、ほぼ均一です。しかし、日本語の場合には特にそうですが、コンピューターに入力する時のキーボードを使った入力のための身体的操作は、画面上に表示されたり印刷された文字とは一致しません。そのため、コンピューターを使って文章を作る場合には、手書きの場合とは異なり、手の動きと書かれつつある文字とがキネステーゼ的な一体的生起とはならなくなります。ですから、コンピューターを使った作業では、手書きの時には絶対に起こりえない、例えばひらがなが一字欠けていることにさえ気がつかない、ということがしばしば起こるわけです。確かに、その原因は多種多様でしょうが、ここで探ってみたいのは、いくら時間をかけて慎重に推敲していても、なぜこうしたことが頻繁に生じるのか、ということです。

こうした場合には、いわゆる頭では一生懸命文章を読んでいるのでしょうが、時間の流れに沿って文章を追っていく際に、例えば、或るひらがなが一字欠けていると、ひとまとまりの文字の現われとそれを眼で追っている身体の動きとの一体的な調和が、本来は乱されるはずなのに、乱れない、ということが起こっていると思われます。ちょうど、視野の中心部に在る或る物から周辺部に在る他の物へと視線を移す場合と同じことが、確かに時間的には非常に速い速度でしょうが、自分の書いた文章を推敲している時にも生じているはずです。ですから、視線を動かす先にあるべき文字がなかったり、不適切な文字となっていたり、あるいは、在るべきではない文字があったりすると、それまではスムーズに生じていたキネステーゼは乱されるはずです。

キネステーゼのこうした乱れは、例えば触覚と運動感覚とのキネステーゼ的な一体的生起の場合に、特に顕著となります。例えば、階段がまだ続いていると思っていたのに、そこにもはや階段がなかった時には、そこに足を下ろそうとしていた身体の動きは、そこにあるはずの階段が現われてこないために、自分の身体と階段の現われの両方にいわば裏切られて、大きくバランスを崩し、スムーズな動きが一挙に阻止されます。そして、同様のことが、文章を読んでいる時にも生じるはずです。ですから、こうした乱れや阻止が生じないということには、もはや、文章理解能力といったいわゆる知的操作や、一生懸命推敲するといった意志の問題ではなく、深さの次元における身体の感受性の問題が潜んでいることになります。

数枚のレポートや、卒業論文の一枚一枚が丁寧に重ねられているかどうかに関しても、単なる見た目ではなく、それを一頁ずつ繰っている時の各頁の現われとその時の手の動きとの一体的生起が、いわゆる手触りの良さ・悪さの違いとして感じられるかどうかについても、同じことがいえるはずです。それどころか、日常の生活の中でも、同様のことが、数限りなく生じています。そのいくつかを列挙すれば、次のようなことがその典型例です。食器を洗う際に、他の人が大きな音を立てていると、それが気になっても、自分で洗っている時には、そのことがさほど気にならないのは、自分の身体の動きと食器が発する音とが一体的に生起しているため、その音が自分の身体と切り離されることがないからなのでしょう。あるいは、人々が静かな雰囲気で集《つど》っている場に後から参加する場合、自分の身体の動きとその場の雰囲気の現われとの一体性が、身体の感受性を備えている人からすれば、当然乱されたり、阻止されるのに対し、大きな音を立てながら遠慮のない振舞いをしてしまう人にとっては、大きな音を立てながら乱暴に自分の席に着くことの方が、一体的な生起となっているのでしょう。よくいわれるように、同じ身体活動でも、自分の場合には気にならないのに、他人が行なうと気になってしまうのも、同様の理由からでしょう。

確かに、学生としての在り方や、いわゆる公衆道徳等にも属する振舞いに関する場合には、その在り方や規範に反しないようにと、頭で考えて実行するだけであるならば、その時の在り方は、第2章

第2節二でサルトルと共に探ったように（本書四七頁）、生真面目な在り方でしかないでしょう。その結果、例えば、教師の話に集中していることを周りの者に対してだけではなく、自分に対しても示すために、不必要に頷《うなず》いたり、身を乗り出したり、話の内容を一言も聞き漏らさないかのように熱心にノートを取る、といったことをするならば、サルトルのいうように、その学生は、教師が話していることを、「結局は何も聞かないことになってしまう」（Sartre, p. 100, Ⅰ一八〇頁）はずです。それどころか、自分のそうした振舞いに疲れてしまい、結果として、そうした振舞いをしなければならない場から、比喩《ひゆ》的にも、また実際にも、次第に遠ざかる、ということにもなりかねません。

他方、身体の動きと物の現われとが一体的に生起している時には、こうした学生とは異なり、視野の周辺部に在る物へとさりげなく、全く自然に身体が引きつけられるわけです。ですから、そうした人の振舞いは、サルトルのいうところの生真面目なものでもなければ、いわゆる「神経質」であるのでもなく、極めて良い意味で、つまり美しい身のこなし方という文字通りの意味で、躾《しつ》けられている、ということになるはずです。

以上で探ってきた身体の動きと物の現われとの一体的生起としてのキネステーゼは、フッサールの記述を超えて、さらには雰囲気や情感といったこととも密接に関わっています。

二 身体と気分②

フッサールに即して身体と雰囲気や情感との関係について探る前に、まず身体と身体を取り巻いている空間的雰囲気との密接な関係について、シュミッツによる豊かな記述のいくつかを紹介しておきたいと思います。

第1章第3節で（本書二一頁）、情感に襲われていることに関してすでに引用したシュミッツは、「情感的生の二つの主要な部分」である、「感情と［疲労感や心地よさといった］身体的揺動に共通する特徴として、空間性が際立たされる」ため、情感は単なる内面的な生の営みではない（Schmitz, 1974, S. 327, 三六三頁）、とみなします。つまり、情感は、例えば蒸し暑さや涼しさがそうであるのと同様、霧や霞《かすみ》（atmos）のように、その境界が曖昧で漠然とした球（sphaira）という、文字通りの意味での雰囲気（Atmosphäre）として、空間的に私の身体を取り囲んでいる、とみなしています。そこで、このことについて、気候の雰囲気と感情に関するシュミッツによる記述を紹介しながら、彼の捉えていることに迫ってみたいと思います。

例えば、「どんよりと曇った締めつけてくるような天気は、息苦しい憂鬱《ゆううつ》な雰囲気ともはやほとんど区別されない」（a.a.O., S. 328, 三六三頁）、とされます。気候としての雰囲気は、「多くの場合、それ自体感情である、あるいは少なくとも感情への移行が不明瞭であるが、感情に密接している」（a.a.O., S. 328, 三六三頁）、とされます。このことは、気候による自分自身の感情への影響に幾分か敏感になることによって、私たちにも十分に感じられるはずです。しかしシュミッツは、さらに、気候とは関わりのない感情さえも実は空間的な雰囲気である、とみなします。例えば、「緊張に満ちた［人々の］集まりに際し、『ここにはただならぬ気配［dicke Luft＝何かを孕《はら》んだ空気］が支配している』、ということができる」（a.a.O., S. 327f., 三六四頁）はずです。また、羞恥心に囚われている時には、羞恥心に「晒《さら》されている人に向かって、あらゆる方向から求心的に押し迫ってきて、その人を刺し貫くような雰囲気の力」（a.a.O., S. 330, 三六八頁）が空間的に伸び拡がっていることを感じることができるはずです。あるいはまた、「むかつきや退屈を思い起こさせるような厭世《えんせい》感」は、「陰鬱《いんうつ》で薄暗い荒涼とした灰色の雰囲気」（a.a.O., S. 332, 三七一頁）として感知されるでしょう。

　そしてシュミッツは、こうした例から、「主体と客体とを包み込んでいる雰囲気的感情の全体性は、また、一人の人間から他の人間へと流れ込んでいく感情による、両者の間での相互伝播の背景であり、源泉でもある」（Schmitz, 1981, S. 92）、ということを導き出します。例えば、「悲しんでいる者は楽しい集まりに際し……［あるいはその逆の場合に］、或る際立った対照［＝コントラスト］体験をもつ」（Schmitz, 1974, S. 335, 三七六頁）ことがあります。このような相対立する感情の併発を、シュミッツは「社会的感情対照」（a.a.O., S. 335, 三七六頁）と呼んでいますが、このことからも、感情は、空間的に伸び拡げられた雰囲気として、自分と他者とを包み込んでいる、ということがわかります。

　ですから、第1章第3節で（本書二二頁）、シュミッツを引用しながら触れておいたように、感情は、主観性のニュアンスとして、他でもない私自身を感じさせてくれるにもかかわらず、同時にまた、

「私的な内的世界の構成要素ではなく、空間的に注ぎ出ており、しかも現象的［に現われてくる］気候のように、感知されうる［自分の］身体を包み込んで、その中に浸透している雰囲気」でもあることになるわけです（a.a.O., S. 336, 三七八頁）。

したがって、シュミッツが記述している気候としての雰囲気を自分の身体でもって感知できるようになることは、雰囲気として空間的に伸び拡げられている感情を感受性豊かに捉えることに貢献してくれるはずです。あるいは、社会的感情対照を感知できるようになることは、相対する感情の併発を感知できることになるわけですから、第5章第2節二でのヘラクレイトスにおける相互対立的な状態への感受性の場合と同様（本書一九九頁以下）、感受性をより豊かにしてくれるはずです。

以上のことを、シュミッツと共に確認したうえで、フッサールの記述を筆者なりの仕方で乗り越えることによって、雰囲気と身体との関係について、さらに探ってみたいと思います。

本章の冒頭で述べたように（本書二〇六―二〇八頁）、物の現われと身体はキネステーゼとして一体的に調和しているのでした。そして、キネステーゼとして機能している身体のおかげで、例えば、視野の周辺部に在る物に眼差しを向けることができるといった、私たちの日常生活における様々な身体活動を、ごく自然に行なうことが可能になるのでした。つまり、私たちが、例えば或る物を使ったり、それを目指して身体を動かしたり、それどころか、それをただ眺める時にも、身体がキネステーゼとして機能していることになります。しかも、メルロ‐ポンティと共に探った時と同様（本書一三二―

一三五頁）、或る特定の物と関わっている時にも、他の物は、眼差しを向けられることなく、注視されていない時にも、曖昧なまま、私の周りに背景として拡がっているのでした。

こうした背景の中に在る諸物の中の一つに、あたかも私の眼差しが引きつけられるような仕方で、私がそれを注視したり、それに向かって身体をスムーズに動かせる、ということから、私の身体と背景との、次のような密接な関わり方が明らかになります。つまり、背景となっているすべての物は、私が眼差しを向けたり、身体でもって関わる以前から、私にはたとえ明確に意識されていなくとも、何らかの仕方ですでに私の身体に知られている、ということが明らかになります。しかし、すでに述べたように、こうした仕方で知られている物は、例えば視野の中心に在る物の現われとは異なり、私からの距離や方向や形や色や、それ自体の奥行きや、さらには他の物との境界さえもが、視野の中心部から外れるのにつれて、次第に曖昧となっていき、特に私の頭部で典型的となりますが、やはり曖昧なまま、私の身体に溶け込んでいきます。そして、こうした仕方で私の身体の周りに展開されている背景は、さらには背景と私の身体との溶け込み方は、そちらに眼差しを向けると、視野の中心部で現われることになり、上述したような、背景に独特の現われ方を失ってしまいます。

ですから、背景のこうした現われ方は、深さの次元に属する、といえるでしょう。また、このことからも、私によって生きられている空間は、自然科学の説明してくれるような、均質な三次元の空間として現われているのではなく、私の身体を中心として、いわば密度が異なっており、あるいは密度の濃淡を備えており、そのつどの私の在り方に応じて、それらの密度を絶えず変化させていることになります。

しかし、視野の周辺部になるに従い、その密度を薄くしている物に対してさえ、あたかもその物に引きつけられるかのように、私が、それを注視したり、それに向かって身体を動かせるからには、背景となっているすべての物は、私の身体に備わる感覚器官のおかげで、背景に独特の仕方で現われているはずです。そうである限り、それらの背景や背景内の諸物は、私の意識によって注視されたり、意図的な身体運動によって目指される以前に、視野の中心部にある物と同様、キネステーゼとして機能している身体と一体となって調和的に現われている、といえることになります。そして、こうした現われ方をしている背景や、背景内のすべての物が、いつでも注視の対象となったり、身体運動によって目指される対象となったり、視野の中心部に在る物や身体運動によって目指される物を際立たせているわけです。

そうすると、背景や背景内にあるすべての物は、キネステーゼとして機能している身体と一体となって、独特の現われ方をしていると同時に、私の意識や身体を引きつけるべく、いわば待機している、といえます。こうした仕方で現われつつ、意識や身体を引きつけている時の在り方を、フッサールは「触発（Affektion）」（Kr. S. 111, 一五一頁）と呼び、その在り方を詳しく記述しています。そこで、この言葉を使うと、背景や背景内のすべての物は、身体を触発している、という仕方で、キネステーゼとして機能している身体と一体的に調和していて、それらに独特の仕方で現われている、といえることになります。そして、こうしたことが生じるのは、フッサールの弟子であるルートヴィヒ・ラントグレーベの言葉を使うと、「すべての触発は、根源的には私の［キネステーゼとして機能している］身体の器官としての感覚器官の触発である」(Landgrebe, S. 477, 七三頁)、といえることになります。

こうした仕方で私の意識や身体を触発している背景内のすべての物は、それに触発された私の意識や身体によって目指される物になると、私の周囲にある自然の物体や、それらの加工品として現われてくるわけです。それゆえ、ラントグレーベは、こうした仕方で触発してくるものの総体を、「自然の根拠」(a.a.O., S. 478, 七二頁)、と呼んでいます。というのも、「私たちは、自然が身体的 - キネステーゼ的な［対象の］構成作用と関係している程度に応じてのみ、自然というものを知っているだけであり、……［私たちを取り囲んでいる］自然とは、私たちにとっては、身体的生起の中で、それについて『告げ知らされる』物以外の何ものでもない」(a.a.O., S. 479, 七三頁) からです。

しかし、こうした仕方で告げ知らされる物は、それがラントグレーベのいう意味で、自然の根拠である以上、明確に意識されることはないはずであり、触発されることによって、私がそれを注視したり、私の身体運動によって目指されると、明確な対象として私に知られてくるようになるだけです。それゆえ、ラントグレーベは、こうした明確な知識となる以前の知り方を「会得《えとく》(Innesein)」と呼び、「会得は、それに対する反省に先立っていて、満ち足りている『身体感』として、あるいは満ち足りていない『身体感』として、キネステーゼの遂行と一体となっている」(a.a.O., S 478, 七二頁)、とします。すると、会得によって感知される身体感は、いわゆる運動感覚といったものとは異なっていることになります。そうではなく、会得とは、私たちが自然の根拠としての背景の中から何らかの物を知覚したり、その背景の中で身体を使って何らかの活動をしている時に、そうした生の営みを際立たせている私の世界が、背景として、キネステーゼ的に機能している身体と一体となっていることを身体的に感知している、ということを意味することになります。ですから、ラントグレーベも、こうした身体感は、「触発するものやキネステーゼの運動によって目指されているものの只中にいる、という状態を指し示すもの」(a.a.O., S. 478, 七二頁) である、とします。

すると、会得とは、自然に囲まれて身体をもって生を営んでいる時に、そのつど自分の身体と自然の現われとが満ち足りているのかどうかが、いわば私の生の根源的な基調として私に告げ知らされていること、と言い換えられるでしょう。そして、ラントグレーベの記述は、この点に関しては、ここまでで終わっています。しかし、彼の以上の記述に基づきつつもそれを超えることによって、身体と雰囲気や気分との密接な関係と、この関係に基づく身体感における深さの次元と身体の感受性に、新たな観点から迫れることになります。

その際、ドイツ語の触発という言葉と同類の Affekt が、英語の affection と同様、日常語としては、激しい感情や情熱といったことを意味していることは、貴重な手がかりを与えてくれます。つまり、このことと上述したことからすると、会得としてそのつど感じられている身体感は、それが何らかの仕方で自分自身に捉えられると、日常的には、感情とか気分といった言葉で捉えられているところのものとなることが、したがって、第1章第3節でシェーラーと共に探ったところの（本書二四頁以下）、内面的世界と外の世界のすべてのものにその感情の光と闇を降り注ぐ精神的感情にかなり近いものであることが窺われます。そして、こうしたことからも示唆されるのは、やはりキネステーゼとして機能している身体と気分との密接な関係です。

会得が、上述したような身体感である限り、私たちは、自然の根拠としての背景によって常に触発されているわけですが、このことが同時に、私たちの生の根源的な基調として告げ知らされている、ということにもなっているのでした。すると、触発という言葉の上述した使われ方と、シェーラーの記述とに基づき、こうした仕方で感知されるところのものを気分と呼ぶことができるようになります。そうすると、日常的に感じられている気分にも深さの次元があることが、以下のようにして明らかになるはずです。

例えば、或る風景が或る気分を帯びたものとして感じられるのは、その風景が、上述した意味で、自然の根拠として私たちを触発し、或る満ち足りた身体感を伴って、私たちをその風景に独特の気分に浸《つ》からせてくれるからなのでしょう。あるいは、厳《おごそ》かな建物内に入ると、その建物全体の造りや構造が、私たちをその建物に独特の気分に浸からせてくれるのでしょう。こうした気分は、シュミッツが豊かに記述してくれたように、空間的に伸び拡げられて、当の風景や建物に独特の雰囲気を醸し出してくれると同時に、私たちは、そうした雰囲気を身をもって、満ち足りた身体感として、会得できることになります。

また、こうした仕方で感じられる気分や雰囲気は、身体と密接に関係しており、しかも、同じ文化の中で育った人間の間では、身体の諸器官によるキネステーゼも、かなり共通の仕方で機能することになりますから、そうした人間の間では、同じような気分や雰囲気を共有できることになります。

しかし、他方では、同じ文化の中で育った人間の間でも、それどころか或る一人の人間にとっても、その時々で、同じ風景や建物から感じられることが異なる、ということも私たちがしばしば経験することです。こうしたことが生じてしまうのは、シェーラーが感情の層と呼んでいるのと同様の事態によるのでしょうが、ここでは、フッサールに従って、このことをさらに探ってみたいと思います。

三　感情と自己触発

フッサールによって触発と呼ばれている、意識や身体が何らかの物に引きつけられている時の在り方についてはすでに述べましたが、この言葉は、フッサールにおいては、さらに次のような使われ方をします。つまり、私たちの意識は、目覚めている限り、様々な営みをしていますが、そうした意識の働きは、触発として、同時に意識そのものに何らかの作用を及ぼさずにはいられません。こうした意識の在り方は、第2章第2節二で探ったところの（本書四六頁）、意識の半透明性についてのサルトルの思索にも共通しますが、フッサールは、サルトルよりも、次のような仕方で、深さの次元を深めることを可能にしてくれます。

身体を動かす時に典型的となるように、私たちは、何らかの動きをすると、その動きそのものによって、何らかの影響を受けます。例えば、適度に身体を動かすと、爽快《そうかい》感がえられたり、逆に、長時間にわたって身体を全く動かさないと、内から突き上げてくる鈍い疲労感や閉塞《へいそく》感に囚《とら》われてしまいます。こうしたことが生じるのは、動かないことも、身体を使うことになることから、広い意味で身体を動かすこととみなせば、身体は、その動きそれ自体によって、何らかの影響を受けるからです。そこで、自分の身体を動かしている時に生じる、自分の身体への随伴的な作用の及ぼし方についても、触発という言葉を使えば、身体は、自分自身の動きによって自己触発されることにより、何らかの気分や感情を私たちに生じさせる、といえることになります。

全く同様のことは、意識の働きにおいても生じているはずです。例えば、或ることを考えたり、思い出したり、予想するだけで、特に意図的にそうしようと思ったのではないのに、楽しくなったり、悲しくなったり、憤慨したりするといったことは、私たちがしばしば体験することです。話しているうちに思わず興奮してくるということは、こうした体験の典型例です。あるいはさらに、何かを見たり聞いたり、何かに触れたり、といった知覚作用においても、同様のことが生じます。例えば、美しい絵を見たり、心地よい音楽を聴いたり、芳《かぐわ》しい香りを嗅いだり、手触りの良い物に触れたり、美味しいものを食したりすると、気持ちがよくなったり、嬉しくなったり、心が安まったりします。こうした日常的体験からも明らかとなるように、意識は、何らかの仕方で機能していると、その機能そのものによって、自らが作用を蒙ることに、つまり自分の作用によって自己触発されることになります。

しかも、こうした仕方で自己触発されることによって告げ知らされることは、それが、随伴的な仕方で為されるため、明確な知識や認識に到らないだけではなく、それらによっては明確に捉えられません。ですから、ここにおいても深さの次元のあることが、明らかになります。

こうした仕方で自分自身が自己触発されていること（Selbstaffiziertsein）は、例えば、すでにサルトルの例を使って記述した、タバコの数を数えている時の意識の在り方においても典型的となりますが（本書四五頁）、さらには次のような例でも、私の意識が自己触発されていることを窺わせてくれます。例えば、突然大きな音がしたので、周りを見回したり、訝《いぶか》しさに駆られ、傍にいる人と眼を合わせたりといった、思わずしてしまう行動は、大きな音が刺激となって反射的に身体が、例えば一瞬ビクッと痙攣《けいれん》することとは異なっています。しかも、思わずしてしまうこうした行動は、大きな音を聞いた自分の意識を後から反省して、その反省に基づいて行なったものでもありません。そうではなく、大きな音に驚いた意識が、驚いたことによって自己触発され、訝しさ等の感情と一体となって、より正確に述べれば、そうした感情の身体的発露として、ごく自然に生じた身体行動であるはずです。ですから、こうした時の意識は、大きな音に驚いたことに伴う感情によっていわば襞《ひだ》を刻み込まれることになります。

こうした自己触発について、フッサールは、或る遺稿の中で次のように記述しています。「自我としての私は触発されている、〔何らかの対象に〕自分を差し向けつつ、あれこれの能動性において〔その対象に〕従事しながら、私は或る仕方であれこれと能動的であった私と関わり合っている」(Husserl, Ms. AV5, S. 8)⑶、と。

そこで、フッサールのこの記述から、感情と自分自身が自ら自己触発されていることとの次のような一体性についてさらに探ってみたいと思います。その際、ここでもやはり、触発という言葉について考慮しておくことが、事柄の理解の大きな助けとなるはずです。

すでに簡単に触れたドイツ語の Affektion という言葉は、英語の affection と同様、ラテン語の ad という接頭語と fectus との合成語に由来します。ad は、ドイツ語でも英語でも、この接頭語を使った、例えば adhärieren (adhere) や Adjektiv (adjective) といった単語から窺えるように、「付加」や「関与」を意味します。fectus は、「～に利く」、「作用する」、「影響を与える」、「(感情などを)起こす」という意味の facere の名詞形です。ですから、Affektion は、語源学的には、「付随作用」とか「何かをすることと共に、それに参与して何かを引き起こす作用」、といったことを意味していたことになります。そして、ドイツ語でも英語でも、この言葉が、日常的には、激しい感情を意味していることは、すでに触れました。

こうした語源学上の事態を考慮したうえで、上述のフッサールの引用文や、自分自身が自ら自己触発されていることについての上述の考察からすれば、意識は、機能している限り、そのつど自己触発されており、それが何らかの仕方で、私たちの気分に作用を及ぼしている、ということがわかると思います。そして、こうした仕方で自己触発されている意識の在り方が、自分自身に感知されるほど強くなった時の意識の状態が、あるいは、そうした意識の在り方に敏感になることによって捉えられる意識の状態が、日常的には、感情と呼ばれているのではないでしょうか。

そうすると、上述した気分は、自然の根拠によって触発されている時の身体感として私たちの根源的な在り方の基調を成しているのに対し、感情は、こうした身体感のうえに、そのつど従事している事柄への能動的な作用によって自ら自己触発されている私たちの意識の状態のことである、ということが導かれます。

このことから、上述した、例えば同じ風景や建物から感じられることが、人によって異なる、あるいは同じ人でも、時によって異なる、ということがどうして生じるかが明らかになります。つまり、或る文化の中で育った人間は、或る程度共通の気分に浸かるが、その気分を基調として、そのつど何を考えたり、何にどのように従事するかによって、感情が異なってくる、ということになります。そして、気分が私たちの基調となっている限り、そのつどの感情に囚われたままに留まらず、感情をそれよりも深い次元で支えている気分に敏感になることが感受性を豊かにする、ということになるはずです。しかも、キネステーゼとしての身体と背景の現われとが密接に一体となっていることからすれば、この感受性は、認識や意欲によってではなく、豊かな環境とそれと一体となって機能する身体の敏感さによって、初めて豊かに育まれる、ということになるはずです。

自己触発についての、フッサールに基づきつつも彼を超えながらの以上の解明からは、第2章で依拠した(本書四六頁)、意識の半透明性に関するサルトルの記述からは導かれることのない、体験のいわゆる重さや強さや濃密さに応じた私の意識の変化という事態が、明らかになってきます。つまり、或る体験に伴う自己触発の程度に応じて、当の体験内容の私にとっての確からしさや影響力や逼迫度《ひっぱく》や私の心を引きつけたり遠ざけたりする時の度合いがそのつど異なってくる、ということが明らかになるはずです。このことは、教育実践においては、教師やカウンセラーの働きかけや他の子どもとの関係が、それぞれの子どもにとってはそのつど全く異なった影響力をもって当の子どもに作用する、ということを明らかにしてくれます。さらにまた、子どもが行なった或る行為や子ども自身が陥っている状況を自分で捉える時にも、それらを捉えている意識がどのような仕方でどの程度の強さで自己触発されているかに応じて、当の子どもの意識や在り方のその子ども自身にとっての重さや逼迫度や濃密さが異なってくる、ということを明らかにしてくれます。

それどころか、自分の体験の他者への伝達不可能性にもかかわらず、いやむしろ伝達不可能性と表裏一体となっているところの、かけがえのない自分自身の個人的な深い想い入れを超えて、他者と共に自己触発されること（Mitselbstaffiziertsein）とでも呼べるような、自分と他者との受動的で根源的な共同存在の可能性が明らかとなります。誰でもが蒙るであろう、親の現実的な死や自分の死の可能性に向き合うことに伴う辛さや不安や孤独感にもまして、例えば、自分の子どものいわれもない死に遭遇した両親、まれにみる犯罪の被害者とその家族や加害者の家族、大災害や戦争の被災者、第二次世界大戦中でのドイツの強制収容所での自らの体験に基づく、心理学者であるヴィクトール・フランクルの『夜と霧』で描かれている「囚人」、余命を告げられた不治の病に苛《さいな》まれている患者、被虐待児や虐待を行なう親、自殺にまで追い込まれるほどのいじめを蒙っている者、かつてのハンセン氏病者のように、家族のために自分の過去を消そうとする者、重度の障害を蒙っている子どもやそのことを初めて告げられた両親の体験等々は、その特異性と希少性と耐えがたさゆえに、誰にでも共通に体験しうるものではないはずです。それゆえ、それらの体験者は、同じ体験をした者にはあえて語らなくてもわかってくれるし、そうでない人には言葉をいくら尽してもわかってもらえないため、自分の体験を自ら語ろうとはしなくなります（フランクル、八一頁参照）。

確かに、筆舌に尽しがたいこうした体験そのものは、それどころか、それぞれがかけがえのない一個の実存である限り、どのような人間のどのような体験でさえ、その唯一無比性ゆえに、他者には伝達不可能であるようにみなされるのも当然でしょう。しかしそうであるからこそ、また同時に、自分の体験についての他者への語りかけは、語っている者の意識が自分の語りかけによって自己触発されるのと同じようには聞き手には体験できないために、より一層の重みを伴っているはずです。ですから、語りかけそのものに聞き手が聴き入ることによって自己触発されるならば、自己触発という受動的で受容的な意識の次元では、語り手の辛さや悲しさや、やりきれなさや憤りや孤独感や、不安や、絶望さえも、聞き手に感受されうるのではないでしょうか。

例えば上述したような者の著作を読みながら、読み手が、そこで描かれている悲惨で過酷な状況や著者の内面的な葛藤や、それこそ己の存在そのものを否定される様や、その崩壊の過程等を、自分で想い描いたり、著者へと感情移入したりすることは、自分で体験したことのない生に不意討ち的に出会うことを可能にしてくれるはずです。さらには、読み手が、こうした読み方によって自己触発されている自分自身の意識をそれが展開するがままに受動的に感受しながら甘受し、単に感情の次元においてだけではなく、それまで保持されていた読み手自身の基調としての気分までもが崩され、意識全体がその自己触発に浸《ひた》されるという仕方で、他者と共に自己触発されていることに身を委ねる、といったことも生じるのではないでしょうか。

こうした感情の伝播は、多数の人間が集《つど》っている時には、より一層強くなることについては、本章第1節二でシュミッツの記述を簡単に紹介しましたが（本書二一四頁）、このことを感受性と関わらせて、さらに展開してみたいと思います。

2 多数の他者と共に生きること

一 雰囲気を共に生きること

シュミッツが記述しているように、日常的にも私たちは、多くの他者が集っている所では、それらの他者が醸し出す雰囲気に自分も取り込まれたり、そうした雰囲気によって自分がその場にそぐわないように感じ、そうした集団からいわばはじき出されたような気分に陥ることがあるはずです。

こうした感覚は、集団の雰囲気に敏感になれるかどうかにとって、かなり大きな役割をはたしているはずです。しかしここでは、集団が醸し出すそうした雰囲気に自分が取り込まれている時の在り方を取り上げてみたいと思います。

筆者もしばしば経験することですが、小学校の教室で子どもたちが、例えば一斉に記述式の試験を受けている時には、教室内に静寂が漂います。こうした時には、個々の子どもたちは、椅子を軋《きし》ませたりすることさえ憚《はばか》られるほど、あるいは隣の子どもに話しかける時には、声をひそめる、といったように、極力、静寂を保とうとします。

それゆえ、こうした時に自然発生的に生み出される静寂の雰囲気は、例えば、クラスが雑然とした騒がしさに覆《おお》われているため、「静かに!」といった言葉によって、教師が、子どもたちの活動を制限する時に生じる静かさとは異なっています。それどころか、静寂が原因となって、個々の子どもの活動が静止したり、個々の子どもの静止が静寂をもたらすといった、いわゆる刺激と反応とが時間的に継起していくのとも異なり、個々の子どもの活動と静寂の雰囲気は一体的に生起しているはずです。ですから、この時の子どもたちの身体と静寂の雰囲気は一体となっている、といえるはずです。

そのため、教室内に漂うこうした静寂の雰囲気は、むしろ、個々の子どもたち全員が自分の活動に集中することによって、生み出されているはずです。ですからこの時には、子どもたちの集中していることが静寂を生み出すと同時に、この静寂の雰囲気に浸かっていることが子どもたちの集中を促している、ということになります。そして、こうした時にこそ、集団内の各自は、自分が雰囲気を生み出しながら、その雰囲気を多数の他者と共に生きている、といえるでしょう。

同様のことは、例えば子どもたちが三〜四人からなる班ごとに活発な活動をしている時に醸し出される、生きいきとした雰囲気の場合にもいえるはずです。つまり、個々の子どもの活発な活動が生きいきとしたざわめきの雰囲気となっていると同時に、この雰囲気が子どもたちの活動や振舞いを、例えば隣の子どもに語りかける時の声の大きさや、生きいきとした声の調子を生み出す、ということになっています。

多数の子どもの活動と静寂や快活な雰囲気とのこうした一体的生起が、キネステーゼとして機能している身体と一体となっていることは、合唱において典型的になります。

音楽の授業では、一人で歌う時よりも、合唱している時の方が、子どもたちはより容易に上手に歌を歌えます。こうした子どもが一人で歌っている時には、例えば音程に関しては、そのつど自分が発声している音程がずれた歌を、自分で聞くことしかできません。しかし、ピアノやオルガンで伴奏してもらうと、そうした子どもでも、音程のずれた自分の歌声と同時に、正しいメロディーを聞くことができます。そのため、その子どものキネステーゼとしての身体は、音程のずれた音をたとえ発声していても、正しい音程のメロディーを聞いている身体として機能していることになります。このことは、正しい音程のメロディーを聞いているその子どもの身体が、次の音を発する時には、正しい音程を聞いた身体として機能してくれるため、次第により正しい音程で発声することを助けてくれる、ということを意味しています。

全く同様のことは、みんなの一員として合唱している時にも生じています。合唱練習を繰り返すうちに、例えば、突出した、自分だけの声を響かせている子どもを含め、子どもたちは、次第に、メロディーだけでなく、声の大きさや、抑揚や、感情の込め方等に関しても、調和した一つの歌声の合唱ができるようになります。そうなると、教室に漂う雰囲気と同様、個々の子どもたちは、他の子どもたちの歌声を聞いたうえで、次に自分が発声すべき声を発するのではなく、次に発声すべきメロディー等々が、自分を含めたみんなで作り上げる合唱として、一体的に調和するようにと、発声している自分の身体の機能と、各自が聞くことになるはずの歌声とが、一体的に調和するようになっているはずです。ですから、この時にも自分の発声と合唱の声とが、いわば刺激と反応との時間的な継起として進行している、ということは起こっていません。そうではなく、個々の子どもたちの身体は、キネステーゼの機能が他の子どもたちの機能と一体となっているかのような仕方で、つまり多数の子どもたちの身体が、いわば一つの身体となっているかのような仕方で、一体となって機能することにより、合唱が生み出されることになります。

合唱がうまくいっている時には、こうしたことが生じている以上、個々の子どもの身体は、合唱練習によって、みんなの身体と一体となって歌を歌えるようになるわけですから、みんなと一緒に練習することなしに、みんなと一緒に歌おう、といった意志や意図によっては、子どもたちは上手に合唱できるようにはならないはずです。そして、同様のことが、教室内の雰囲気において典型的となるように、多数の人間と同じ一つの雰囲気を醸し出しつつ、その雰囲気を生きている時にも生じているはずです。

すると、多数の人間と雰囲気を共に生きることは、身体の或る能力を必要とする、ということが明らかになるはずです。確かに、静寂や、生きいきとしたざわめきの雰囲気を自ら生きる時には、多数の他者と同じような活動をすることによって、ほぼ同じ自己触発を蒙ることができるため、こうした身体能力の重要性が際立つことはそれほどないでしょう。しかし、教室内で行なわれる授業で、特に物語文の朗読を子どもたち全員が聴いている授業で、臨床心理におけるケースカンファレンスで、大学のゼミや各種の会議等で、冠婚葬祭の席で、あるいはさらに、戦争の語り部の語りを聞いている時など、シュミッツの言葉を借りれば、「ただならぬ気配［＝何かを孕んだ空気］が支配している」所に、遅れて入室してくる人がその気配を損なわせてしまう、といったことは、すでに述べたように、私たちもしばしば体験することです。確かに、教師等、その集まりに対して責任を担っている者の処する身のこなしが、集団によって醸し出される雰囲気にとって重要な役割をはたしていることは、否めないでしょう。しかし、当人の意図はどうであれ、そこに漂っている気配を感じることなく、例えば、ドアを開けたり、着席したり、周りを憚ることなく声や音を出したり、自分のノートを取り出す時などには、たとえ本人がどれほど努力しても、その場の雰囲気を損なわせてしまうような身のこなしをしてしまうことになるはずです。ですから、どのような立場であれ、多数の他者の身体と一体となって空間的に伸び拡げられる雰囲気を生み出す身体能力を身につけることは、他者と共に雰囲気を共に生きるための身体の感受性を高めることと一体となっていることになります。そして、合唱練習の必要性から明らかとなるように、こうした身体能力は、意志や意図や想いといった、意識の次元では制御できない以上、多数の他者と共に生きることは、その場その場で私たちに対処できるようなことではないはずです。

しかし、多数の他者と共に生きる時の感受性の問題は、雰囲気を共に生きることに限られているわけではありません。例えば、自分の考えや信念等といった、いわゆる意識活動においても、多数の他者と共に生きられるかどうかは、重要な役割をはたしています。

二　確からしさを共に生きること

フッサールは、彼の「デカルト的省察」の第五省察で、私が、私とは異なる自我である他者を理解できるのはどうしてかを、相互主観性の現象学の課題として思索しています。というのも、哲学も一つの学問である以上、フッサールという或る一人の人間にとって学問上確かなことが、他の多くの人間にとっても確かなものとなりうるのはどうしてなのかを、フッサール自身が解明しなければならなくなったからです。そして、フッサールは、この解明を、「あたかも私が他者の立場に立ったとしたら」、という感情移入についてのフッサールに独特の考察に託すことになります。その際のフッサールの哲学的考察の不十分さは、フッサール自身を含め、その後の現象学の展開の中でその克服の試みがなされています。(4) しかしここでは、そうした哲学的展開とは別の仕方で、感受性の問題に引きつけて、多数の他者と共に生きる、ということについて捉えなおしたいと思います。

「デカルト的省察」においてフッサールは、私たちが他者を他者として経験できるのは、私と似たような他者の身体を知覚し、その身体の担い手として、私と同様の主観を他者に移し入れるという、感情移入（Einfühlung＝自己移入）によって可能となる、とみなします。実際に眼の前に他者の身体が現われてきて、それをありありと知覚することにより、つまり他者の身体を主題的に経験することによって、他者経験が可能になる、とされています。このことは、私たちが、例えば他者が考えていることや、他者の感情等を理解しようとする時には、他者の言葉や身体的振舞いや表情等、広い意味での他者の身体的活動を介して、他者を経験していることからも、フッサールのこうした主張にはある程度頷けるはずです。

しかし、感情移入によって私に経験される他者の意識活動は、「あたかも私が他者の立場に立ったとしたら」、といった擬似的な、しかも私の立場から捉えられたものでしかありません。また、フッサールは、眼の前で知覚される他者の身体を介して経験される他者も、その他者にとっての他者を経験しているということから、他者経験を間接的に推し進めることによって、多数の他者を経験することが可能になる、とみなしています。

しかし、こうした他者経験が可能となるためには、感情移入によって経験されるはずの他者の存在が、感情移入に先立ってあらかじめ私に知られていなければなりません。つまり、感情移入をする前に、感情を移入されることになる他者が私にとってあらかじめ存在していなければなりません。しかも、感情移入は、擬似的になされる以上、他者は、私によって想像可能な範囲を超えることもできません。フッサールにおけるこうした問題点に正面から取り組んだ現象学者の一人が、フッサールのいわゆる孫弟子にあたるクラウス・ヘルトです。

ヘルトは、他者経験が可能となるのは、「デカルト的省察」で展開されているような仕方とは異なり、私が他者を知覚する以前には、いまだ出会われていないため「無名の」という意味で、匿名的(anonym)な他者が、あらかじめ非主題的に私に意識されていることによる、とみなします。ヘルトの言葉で言い換えれば、いまだ出会われていない他者が、私にとって「匿名的な遂行者」としてあらかじめ「非主題的に共に意識されていること」(Held, 1972, S. 28, 一七一頁)が、フッサールのいうところの感情移入を可能にする、とされます。つまり、たとえ私が一人で自分の世界内で様々な経験をしていても、そうした「私の世界とその世界内に与えられているものが、非主題的に共に機能している他者によって共に把握されているという……ことが、このような他者そのものを主題的に……把握することを基礎づけている」(a.a.O., S. 47, 一九三頁, vgl. S. 29, 一七二頁参照)ことになります。例えば眼の前の物を一人で見ている時でさえ、私は、今ここにいる私には見えない、その物の裏側が他者には見えているはずである、といったことや、それどころか、その物は、いまだ出会っていない他者にとっても見えるはずである、といったことを、私があらかじめそれとなく意識しているから、実際に或る他者と出会った時に、私はその他者を、匿名的で非主題的に意識されていた他者の一人として現実に経験できる、ということになるわけです。ですから、ヘルトは、「フッサールによって設定された、他者経験に関する主題性と非主題性の基礎づけ連関」を逆転します(a.a.O., S. 47, 一九三頁)。

ヘルトによるこうした解明は、他者経験に関し、主題的な他者との出会いに先立つ、匿名的な他者との共在の次元における感受性に関し、次のことを明らかにしてくれます。つまり、そのつど実際に出会われてくる他者をどのように経験するか、あるいはその他者とどのように共に生きるかは、私にとってあらかじめ共に意識されている匿名的な他者が、そのつどの出会いに先立ち、私に非主題的にどのように意識されているかに応じて或る程度規定されている、ということが明らかになります。ただし、このことに関しては、それが現象学の課題ではないため、ヘルトは考察していません。そして、この問いは、人間の在り方についての哲学的な問いというよりも、教育学の課題となります。

そこで、ここでは、筆者のこれまでの研究領域の一つである、授業における子どもたちの在り方から、この問いを深めることによって、他者と共に生きる際の感受性の問題に迫ってみたいと思います。

現在の学校教育においては、個別学習の意義や必要性がしばしば主張されていますが、筆者自身は、いわゆる一斉授業の意義や必要性を強く感じています。というのは、そういえるのは、一斉授業がうまく組織されているという条件のもとでのことですが、一斉授業においてこそ、他者と共に生きる時の感受性が、以下のような仕方で高められると同時に、自分の生き方の確からしさを感じることも可能となる、と思われてならないからです。

それがうまく機能していれば、一斉授業においては、個別学習とは異なり、第3章でブーバーと共に、また、第4章第2節でメルロ＝ポンティと共に探ったような、二人の人間が身体的にお互いに対面し合って関わっている時とは異なり、子どもたち全員に向かって何らかの課題や作業を求めている教師の言葉や、教師の問い等に答えている他の子どもの活動に、直接答えたり、応えることが個々の子どもたち全員に求められてはいません。例えば、そのつど問題となっている課題が正しい仕方で個々の子どもに実現されれば、その結果をすべての子どもが教師に直接示さなくても、授業は展開していきます。しかも、教師自身も授業で、子どもたちと共に課題について考え合うならば、次のことが生じることになるはずです。

一斉授業において、個々の聞き手は、発言者を主題的に知覚しながら、発言者の考えや発言内容について、何らかの考えや想いを抱いているだけではありません。聞き手はさらに、クラスの他の子どもたちも、自分と同じように、発言者を主題的に知覚しながら、発言内容についてやはりそれぞれの仕方で何らかの考えを抱いている、ということさえ非主題的に意識しているはずです。

或る人の発言を多くの他者と共に聞いている時に特有の、こうした聞き手集団は、例えば、講演会で、お互いに見ず知らずの多くの他者と一緒に講師の話を聞いている時に典型的となるように、或る人間の話を一人で聞いている時とは異なり、次のような聞き方となっていることを、私たちはしばしば体験するはずです。つまり、自分以外の他の多くの聞き手は、自分と同じような構えで講演を聴いているかどうかがわからないため、例えば、自分が質問や感想等を求められると、質問に答えることが何となく憚られてしまう、といったことになることが多いはずです。

ところが、他方では、一人で聞いている時には、何ら笑いを誘わないようなことが話されても、それが多くの聴衆によって聞かれている時には、より一層自然に、同時に笑い声があがる、といったことがしばしば生じます。同様にして、喜劇映画は、観客が多い時の方が、そうでない時よりもより多くの、そしてより大きな笑い声を発生させる、といったことがあります。しかも、こうした笑いは、それが同時に起ることから、他の観客の笑いに誘発される、といったことによって生じるのではないことは明らかです。あるいは、スポーツ観戦においても、自室で一人でテレビ観戦している時よりも、競技場で多くの観衆と一緒に観戦している時の方が、ごく自然に競技に引き込まれたり、一つひとつのプレーに対する想い入れや、感激の程度がはるかに高くなることは、よく知られたことです。そして、最近特に社会問題となる、集団でいわゆる「いじめ」を行なっている時にも、やはり同様のことが生じていることは、しばしば指摘されています。ですから、多くの他者と一緒に何らかの体験をしていること自体が、体験している個々の人間の在り方に大きな影響を及ぼしている、ということがあるはずです。

こうした時の人間の在り方について、フッサールの感情移入論の不十分さを克服しようと試みている現象学者の一人であり、第3章でブーバーを補足する際にすでに引用したヴァルデンフェルスは（本書一二四頁）、演劇の場合を例として、次のように記述しています。つまり、「すでに満席の会場が、次に周囲の注目度が、そして最後に拍手喝采や不満の表示が、舞台俳優がどのように役を上演し、それを観客がどのように受け止めているかということについて、［観客同士が何ら意志を疎通することなく］共に規定している」(Waldenfels, S. 153)、と。そして、こうした疎通が生じるのは、共にその場を共有することによって、「他者の見る作用や聞く作用が、自分が見たり聞いたりする作用へと直接移行すること」(a.a.O., S. 153) が相互に生じていることによる、とされます。

するると、こうした仕方で実際に何かを共に体験している時の多数の他者は、ヘルトがいうところの、匿名的な他者ではないことになります。そうではなく、現実の場で何かを共通の経験対象としているのは、私と共にその場に居合わせている現実的な多くの他者であることになります。そして、一斉授業や講演会や映画館において典型的となるように、お互いに意志疎通することなく、多数の人間でこうした仕方で相互に影響を与え合うことが生じている時には、一人で何かを経験している時とは異なる、多数の他者と共に何かを体験することの重要な意義が導かれるはずです。

そこで、このことが典型的となる、一斉授業を例として、この意義を探ってみたいと思います。

一斉授業では、それぞれの子どもが共通の課題に取り組みながら、自分の考え等をクラスの他の子どもたちに発表する、という仕方で展開していくことになります。しかも多くの場合、子どもたち全員に各自の考え等を発表させることはほとんどなく、或る子どもの発表がクラス全員に提示され、それが受け入れられるかどうか、等々が問題とされます。

すると、上手に組織されている一斉授業では、そのつど問題となっている課題は、或る子どもの発言や作業によっては、決着がつかないことになります。むしろ、クラス全員の子どもに納得してもらうことによって初めて、その課題が決着済みとなり、さらなる課題へと展開していくことになります。

ですから、子どもたち全員が参加している一斉授業では、授業を進めたり、大きく方向展開するきっかけや動機を与えてくれるのは、話し手であったとしても、実際に授業を展開しているのは聞き手である、ということになります。しかし、筆者自身のこれまでの経験からすると、授業の現場でも、それどころか授業研究においてさえも、発言者や発言内容の方に注意が向けられている、ということは否めません。そうである以上、一斉授業を実際に支えているのは聞き手であることに敏感であるかどうかが、一斉授業に自ら参加している教師や子どもたちだけでなく、一斉授業を捉える研究者の、一斉授業に対する感受性を規定していることになるはずです。

こうしたことに敏感になると、教師を含め、そのつどの話し手は、自分の発言が終わり、他の人が発言するまでの間は、自分の発言が、発言に到るまでの授業の展開に即して適切であったかどうかを、再び自分も聞き手の一員として、つまり自分とは切り離して、再考せざるをえなくなります。特に、発言の後に沈黙が生じる時には、自分が行なった発言を発言者自身が熟慮しなければならなくなります。しかも、一斉授業に限られないのですが、自分が話し終わった後に、話し相手から何の言葉も返ってこないために沈黙が訪れると、私たちは居心地の悪さを感じることがあります。そして、こうした居心地の悪さから、当の対話における自分の発言の意味や意義が自分自身に気になってくることからも、授業においてだけではなく、対話における沈黙の意義と沈黙そのものに対する感受性がはたしている役割とが窺えるようになるはずです。

他方で、聞き手である子どもたちのそれぞれは、話し手の発表を主題的に聞きながら、同時に、非主題的には、自分以外の多数の他の聞き手たちも、自分と同じような仕方で話し手の話を聞いている、ということを意識しているはずです。ですから、授業で発表者の話を聞いている者には、多数の聞き手が非主題的に共に意識されているのでした。すると、教師も、聞き手である子どもたちの一員として或る子どもの発言を聞いているならば、その教師を含め、話し手の発表が聞き手全員に受け入れられる時には、演劇の観客の場合と同様、当の発言内容は、確かに多くの場合その数は四〇人ほどに限定されていても、クラスの「みんな」の意識によって受け入れられたものとして、つまりクラスのみんなによって確かめられたものとして、各自に意識されることになります。このことは、例えば、公開研究授業などで、授業後に参観者が、授業中に発言した子どもにその発言の意図等を個人的に訊ねると、授業中は自信をもって発言していたのに、自信がなさそうになったり、助けを求めるかのように、他の子どもの方を見る、といったことからも間接的に窺えます。つまり、その子どもは、授業中はクラスのみんなに支えられていた自分の発言が、授業後は、クラスのみんなから切り離されるため、もはや誰にも支えられていないと感じてしまい、自信がなくなるのでしょう。

このように、多数の他者と共に何らかの作業をすることは、一人で作業していた時にはえられない、或る確からしさを私たちに与えてくれるはずです。

しかも、一斉授業で、上述したような仕方で授業が展開している時には、教師だけではなく、子どもたちも順番に話し手となることにより、聞き手の中から、誰かが話し手となる、ということが生じます。こうした時には、多数の聞き手の中から、つまり、他の多数の聞き手の意識が非主題的に共に意識されていた聞き手の中から、或る特定の聞き手が、発言者として主題的に際立ってくることになります。ですから、新たな話し手の発言が、それまでの自分の考え等とかなり似たものであろうとも、あるいはそれとはかけ離れたものであろうとも、いずれにしても、聞き手は、自分が発言していないために、話し手の発言を介して、それまでの自分の考え等を、いわゆる心理的距離をもって眺めることができるようになるはずです。

ただし、どのような一斉授業においても、こうした聞き方が子どもたちに可能でない以上、正確には、教師を含め、こうした仕方で話し手と聞き手が順番に入れ替わることが生じている時、一斉授業はうまく機能している、というべきでしょう。そして、そういわざるをえないことからも、多数の他者と共に話し手の発言を聞くことにおける感受性が、どのようなものであるかが明らかになります。つまり、それまでは私と共に一緒に聞き手であった多数の他者の中から、或る一人が発表することになると、その話し手は、それまでは聞き手であった個々の私を代表してくれることになります。また、その時の話し手は、それまでは多数の他者と一緒に考えていたことを背景にして、つまり、そうした他者に支えられて、話をすることになります。こうしたことからも、話し手ではなく、実は聞き手が授業を支えているということ、それゆえ、一斉授業では他者の話を聞くことが非常に重要な役割をはたしている、ということが明らかになります。また、このことに敏感であるかどうかが、一斉授業に対する感受性を規定している、ということも明らかになるはずです。

しかし、発言することが授業に積極的に参加することである、あるいは、発言することが能動的に考えることである、といった授業観に基づいて一斉授業が行なわれることにより、こうした感受性は失われていくことになるようです。このことは、いわゆる子どもの「自主性」を重んじるという教育観から、教師ではなく、子ども同士に発言者を指名させる一斉授業において典型的となります。そうした授業では、或る子どもが発言し終わると、その子どもに指名してもらうために、それこそ我先にと、「はい」、「はい」、といって手を挙げる子どもたちの振舞いによって、あわただしく、多くの場合、喧騒に満ちた雰囲気が支配することになってしまいます。その授業で、例えばしんみりとした内容の文学教材が取り上げられている時などには、その作品が備えている雰囲気とは全く異なる雰囲気が授業を支配してしまうことにもなります。そして、現実には、多くの授業研究が発言を中心に授業を分析したり考察しているため、少なくとも筆者には、こうした傾向は次第に強くなっているように思われてなりません。第1章でも述べましたが、感情や気分に対する認識や思考の優位性や、それらへの学問上の要求も、こうした傾向に拍車をかけているのでしょう。

しかし、以上のことは、何も一斉授業に限られたことではなく、多くの人間が一緒に生きている時にも、いえるはずです。

第4章第3節でメルロ‐ポンティに導かれて探ったように（本書一六一―一六三頁）、一個の実存として他の実存と身体的に対面している時に生じている作用の及ぼし合いに敏感になることは、もちろん大事なことです。しかし、一斉授業に限らず、お互いにそれまで二人だけで実際に何かを経験してきた他者とだけではなく、演劇の観客のように、私たちは、それほど親しくない多くの他者と一緒に話をしたり、仕事をしたり、遊んだり、気晴らしをしたりしなければなりません。そうした時には、多くの人間間では、二人の人間間で生じていることが単に集積しているだけではなく、上述したことが生じうるはずです。そうである以上、そうした場で常に話し手で在り続けることは、二人の人間間においてもそうであったように、人間関係そのものにとって、好ましいことではないはずです。こうしたことからも、多くの他者と共に生きている時に生じていることに、私たちはもっと敏感になることが求められているのではないでしょうか。そして、こうした時の個々の人間の感受性は、本書におけるここまでの捉え方からすれば、認識や思考によっては、維持されにくいでしょう。なぜならば、認識や思考は、能動的な意志のもとで可能になるため、自分にとって望ましいと思われる在り方でもって自分を律しようと意志する限りにおいて、そうした在り方が維持されるしかないからです。

しかし、私たち人間は、本来弱い者である限り、意志や意図の力だけで、或る想いを抱き続けたり、在るべき在り方を維持することは、非常に大きな負担となるはずです。というのは、或る意志や意図を保持し続けるためには、それらを保持し続けようとする意志をも必要とするからです。してはならないことをしてしまったときにしばしば発せられる、いわゆる「魔が差す」という言葉は、第2章第1節一でサルトルに導かれて探ったところの（本書三一頁）、「突然キレる」とか「頭の中が真っ白になった」という言葉と同様、意志や決意によっては律せられなくなっていた時の自分の弱さを露呈しているのでしょうし、私たち人間に本来備わっている脆《もろ》さを如実に示しているのではないでしょうか。ですから、意志や決意によるだけの身の処し方の不十分さが明らかになるのではないでしょうか。

他方、ここまで本書で探ってきた様々な人間の在り方は、その在り方を支えている深さの次元を備えており、こうした深さの次元は、認識や思考によって創り出すことができないだけではなく、操作したり制御したりすることがかなり困難です。そうであるからこそ、深さの次元において、自分の在り方が感受性豊かに育まれていれば、ことさら意志することなく、自分にとってより望ましい在り方であり続けることが容易に可能となるのではないでしょうか。しかし同時にこのことは、一人の人間が変わる、あるいは変えられる、ということが非常に困難であることをも意味しているのでしょう。

本書ではここまで、私たちが日常生活において、認識や思考によっては捉えられず、しかも、それを捉えようとすると微妙に変化してしまう意識や身体の在り方について探ってきました。その結果、ここまで探ってきた様々な生の営みには、それらを支えている深さの次元が備わっていることが、それゆえ、こうした深さの次元に敏感になることが、私たちの感受性を豊かに育むことになる、ということがある程度は明らかになったのではないでしょうか。また、感受性が豊かになることにより、私たちが生きている世界もより一層豊かに現われてくるはずです。では、こうした感受性は、どのようにして開花してくるのでしょうか。筆者自身は、こうした感受性を十分備えているわけではないので、そのための方法を示すことはできません。ですから、ここまで記述したことをふまえながら、人間の能力が開花する、ということはどのようなことなのかについて、最後に筆者なりの捉え方を示して、本書を終えたいと思います。

注

（1） 本章に限り、フッサールの著作からの引用は、以下の略記号によって指示することにします。
CM : Cartesianische Meditationen und Pariser Vorträge「デカルト的省察」
Kr : Die Krisis der europäischen Wissenschaften und die transzendentale Phänomenologie『ヨーロッパ諸学の危機と超越論的現象学』
（2） 以下本項は、本書の趣旨に合うようにと、『授業の現象学』第4章の内容を部分的に取り出し、再構成したものです。
（3） フッサールからのこの引用は、未公開草稿（ケルン大学フッサール文庫所収）からのものです。
（4） 筆者自身もこの問題を、『重症心身障害児の教育方法』第8章と『現象学から授業の世界へ』第2章で考察しました。

心の襞の解きほぐし

本書ではここまで、筆者がこれまで教育や授業について考える際に、理論的背景としてきた現象学者の記述に基づき、感受性について、筆者なりの捉えなおしをしてきました。ですから、当然のことですが、教育や授業を想定した事柄が、記述の際の大きな手がかりとなっていました。以下で、感受性を豊かに育む、ということについて記述するためにも、やはり教育や授業を手がかりとせざるをえません。

特に教育において、人間が豊かになるということを考える時、どうしても避けて通れないのは、発達や発展という概念です。というのも、古くは陶冶《とうや》という言葉を含め、教育は、人間の発達や発展を目指さざるをえないからです。

人間の発達は、教育心理学が主たる研究対象としてきたように、教育が完成した状態である「おとな」の発達段階へと向かって漸進的になされるもの、といった考えが支配的であることは、誰もが認めるところでしょう。特に人間は、一人では生きていくことができない新生児としてこの世に生を授かり、以後、おとなによって養育や教育を受け、最終的には、自立したおとなとして社会生活を営めるようになることが目指されるわけです。ですから、教育はこうした過程に寄与すべく、おとなの側からいわば「未熟な子どもに」対して働きかけられる営み、となるわけです。

しかし、こうした教育の営みは、教育を受ける者の側からは、どのように捉えられているのでしょうか。この問は、一見すると簡単に答えられるようにみえるかもしれませんが、筆者には、それほど簡単には答えられない問いのような気がします。

おとなへと成長したり発達していくことを可能にするような働きかけが教育ならば、個々の教育的働きかけは、それ自体で自立しているのではなく、おとなになるため、という目的を目指した手段でしかなくなります。ですから、子どもが自分の将来について、漠然とながらも想いを抱けるようになれば、子ども自身にも教育の意味が捉えられるでしょう。しかしそれ以前には、子ども自身には、教育の目的は捉えられないまま、一方的に教育的働きかけを受けることになります。

このことは、筆者がこれまで携わってきた、重度の知的障害を蒙っている、とみなされている子どもたちの場合に典型的となります。というのも、彼らは、将来おとなになった時のために、ということを何らかの仕方で自覚しながら、教育を受けているとはいえないからです。それどころか、筆者にしてみれば、逆に、そうしたことを自覚していない子どもたちが重度の知的障害を蒙っている、とみなされているように思われてなりません。ですから、彼らは、養護学校では、例えば、自分のために用意された給食を食べ、他の子どもの給食を食べてはならない、ということを要求されます。しかし、彼らの多くは、そうすることが将来のためになることを自覚できない以上、目の前の食べ物を食べたいのに、それを禁止される、ということしか体験できないはずです。したがって、当の子どもにとって、こうした働きかけをおとなから受けることは、教育を受けているのではなく、いわば「拷問」を受けていることにしかならないはずです。

こうした例は、一見すると、あまりにも極端な例であるようにみえるかもしれませんが、ひろく現在の教育状況に鑑みると、筆者には、必ずしもそうではなく、今日の一般的な状況のように思われてなりません。特に将来に希望を見出せない子どもたちにとっては、おとなになった時のために、という教育目標は、おそらく何の意味ももたないはずです。そうした子どもの場合にも、重度の知的障害を蒙っている子どもと同様、おとなの側からなされる教育的働きかけは、将来から切り離された、その場その場で体験されるだけの、それ自体として独立したものでしかないはずです。ですから、そうした子どもが、その時限りの快楽に耽《ふけ》ったり、教育的働きかけから逃避して、引きこもったりしても、それは当然のこと、といえるのではないでしょうか。

しかし、教育という営みを、以上とは異なった仕方で捉えることはできないでしょうか。というのも、現象学に基づき、本書の各所で探ってきたように、どのような人間もかけがえのない唯一の私として、自分自身や、自分の世界や、世界内の存在者を、自分にとって固有の仕方で現われさせている以上、教育によっておとなが何らかの仕方で子どもの身体に働きかけるだけでは、子どもの実存に変化をもたらすことができないからです。私たちおとなにできることはせいぜい、子どもが、自ら自分自身や世界と関係するための、あるいは、関係の仕方を見つけるための援助をすることしかないはずです。というのも、何らかの能力を開拓していくのは、個々の子どもでしかないからです。すると、子どもの発達を目指したおとなの働きかけは、それまでは実際に発揮されず、顕在化されることのなかった、子ども自身に潜在的に備わっていた能力を、子ども自身が現実に発揮することに関わることしかできないことになります。しかし、だからといって、教育的働きかけは、子どもが自分の潜在能力を自分で発揮しやすい環境を整えることだけ、というわけでもないはずです。

子どもとおとなが、共に一個の実存として関わり合えば、第3章でブーバーから学んだように、両者はお互いに作用を及ぼし合いながら、第6章で探ったように、この作用の及ぼし合いに伴う情感を共有し、お互いに自分の感情や気分を展開し合うならば、子どもとおとなは、少なくとも同じ情感を伴った生を他者と共に生きることになるはずです。また、情感をこのように共有してさえいれば、たとえ両者が異なる仕方で活動したとしても、それぞれが自分とは異なる他者の身体や意識の作用に伴う気分や感情を感じ合えるはずです。そして、これらのことは、両者の情感をある程度は共通の基盤としたうえで、さらに微妙なニュアンスの違いを伴った情感を両者が一緒になって相互に豊かに展開し合っていくことを可能にしてくれるはずです。

すると、情感のこうした豊かな展開は、第3章第3節で引用したシュビングの実践において典型的となるように（本書一〇八頁以下）、他者なしでは決して生じないはずです。他者の存在が、特に教師や親や他の子どもたちの情感豊かな存在が、子どもの発達にとって重要な役割をはたすだけではなく、おとなも、当の子どもに固有の情感によって、より豊かな感受性を育めるようになるはずです。

他者と共に存在することにより、こうした仕方で発揮され発展的に展開していく子どもの潜在能力は、以上のことからすれば、それだけで独立したものとして、他者の活動から切り離されていないはずです。子どもの潜在能力は、彼自身と彼の世界との密接な関わりによってだけではなく、この関わりに関係してくる他者の働きかけにいわば巻き込まれることによって、より複雑なニュアンスを備えた豊かなものへと展開していくはずです。このことは、逆説的なようですが、一人ひとりの人間は他の人間とは取り替えられることのないかけがえのないそのつどの私であるのに、むしろそうであるからこそ、私と私自身との、あるいは私と世界との密接な関係が他の人間によって関わられると、私はいわば揺さぶりを受け、この密接な関係に変化がもたらされる、ということを意味しています。確かに、私へのこうした揺さぶりは、当の私にとって時として非常に辛く苦しいことになる場合もあれば、情感を共通の基盤として、私だけでは不可能であった、潜在能力を発展的に展開してくれることもあるでしょう。

私が他の人間に揺さぶられることによって、それまでの私の在り方に大きな変化がもたらされることは、私はもはやそれまでと同じような在り方で自分を維持していくことができなくなる危険を孕《はら》んでいるはずです。例えば、誰とでも上手に付き合うことを他者関係の基本としてきた者にとっては、そうした付き合い方は本人の主体性のなさ、といった指摘を受け、その指摘に納得させられるとしたら、以後の他者関係をどのようなものにすべきかに大きな不安を抱くことになってしまうでしょう。「人間はそんなに簡単には変わらない」、という常套句は、このことを如実に示してくれています。しかし他方で、筆者がこれまでしばしば関わってきたことですが、一斉授業で、クラスのみんなでもって困難な課題を解決した後で、教室に漂う安堵《あんど》感と個々の子どもの喜びに満ちた晴れやかな表情は、彼らが一人で課題を解決した時とは全く異なっています。

いずれにせよ、おとなからの、あるいは他の子どもからの一人ひとりの子どもへのこうした揺さぶりは、或る子どもとおとなや他の子どもがお互いに作用を及ぼし合うことによって可能となるはずです。しかも、こうした揺さぶりは、他者と情感を共有していなければ生じない以上、発展的に展開していくことになる潜在能力は、一人ひとりの子どもの内面に閉ざされているのではなく、他者と一体となって、初めから他者と絡み合っている潜在能力であるはずです。つまり、子どもが育んでいくのは、それだけで自立し独立している閉ざされた潜在能力ではなく、他者と一体となった潜在能力でもある、といえることになります。

以上のことからすると、他者を教育することは他者と関係することである、ということが導かれることになります。そして、他者と関係することは、いまだ実現されることがなかったために、それまでは隠されており、微妙なニュアンスを蓄えていた潜在能力が、他者との関係を介して、具体的な形となって発揮されることにより、個々の子どもに固有な活動として、そのつど顕在化される、ということを意味することになります。教育することが、他者と一体となって絡み合っている子どもの潜在能力を発展的に展開させるような仕方で、子どもと関係することであるならば、教育を介して子どもを発達させることは、他者と切り離されており、それだけで自立し独立している能力を、例えば、身体能力や知的能力等を、発達心理学のいうような意味で、おとなの段階へと目指して高める、ということではないことになります。ましてや、子どもの発達は、当の子どもと直接関係することのない第三者の立場から、何らかの尺度や基準に即して一般的に測定できるようなものでもありません。

発達や発展を意味するドイツ語の Entwicklung や Entfaltung という言葉は、本来、皺《しわ》になったり、錯綜していたり、巻きつけられていたものを、その皺や錯綜や巻きつきを解きほぐして、伸び拡げ展開することを意味しています。つまり、Entwicklung は、巻き込み縺《もつ》れさせるという意味をもつ wickeln に、除去や離脱を意味する ent という前綴りがついた動詞を名詞化した言葉であるため、「縺れを解きほぐすこと」を含意しています。ちなみに、新生児にオムツを当てることにも、この動詞を使います。ですから、オムツをとくことが、それ自体発達となるわけです。そして、乳児のオムツが取れるようになることが親にとってどれだけ大きな喜びであるかは、実際にオムツの世話をした親にしか実感できないでしょうから、オムツの世話をするという、親にとって非常に厄介な仕事を長期にわたって続けることは、子どもに対する親の想いを育んでくれるだけではなく、子どもに対する感受性をも豊かに育んでくれるはずです。

また、Entfaltung は、折り重ねるとか、畳むとか、皺くちゃにするという意味をもつ falten に、ent という前綴りがついた動詞を名詞化した言葉であるため、同様にして、「折り重ねられて皺くちゃになっているものを、開いたり、伸び拡げて展開すること」を含意しています。しかも、西欧語の多くが文法的に備えている、主語が主語自身に何らかの作用を及ぼす時に使われる再帰動詞としては、entfalten は、蕾が自ら自分を開花して美しい花を咲かす、という意味で使われます。それゆえ、どちらの言葉も、その本来の在り方が内に潜んだままで外に現われていないという意味で、潜在的であったものを、それとして明確に認められるようなものとして、しかも、花のような美しさを伴って現われさせる、という意味で、顕在化させる、ということを意味している、と考えられます。

発達や発展にあたるドイツ語がこうした意味を含意していることからも、子どもが発達することや、自分の潜在能力を自ら発揮することは、それまでは実現されることのなかったため、外からは見えないような仕方で隠されており、またそれゆえ、いわば圧縮されて縺れていたものが、その縺れを自ら解きほぐして、自分を伸び拡げて、誰にでも見えるような、しかも美しい姿で顕在化する、ということを意味していることが窺えるようになります。

以上のことからすると、本書ではこれまで、深さの次元において襞《ひだ》を刻むといった言葉で感受性を豊かに育む、ということを比喩《ひゆ》してきましたが、そのようにして刻み込まれた襞を伸び拡げて展開させることこそ、感受性の発達と呼べることになるはずです。

以上のような意味で発達や発展を捉えるならば、それらを目指す教育は、「おわりに」の冒頭で述べたような、将来のためになされるものでは決してなく、その時々に、子どもが発展的に自分を美しく開花させるようにと、彼らと関わることになります。したがって、例えば、それまでは笑顔を見せることのなかった重度の知的障害を蒙っている子どもが、おとなの働きかけによって初めて、輝くような笑顔を見せてくれた時や、微笑んでくれた時、その子どもの潜在能力が美しく開花したことに、つまり彼らが発達したことになるはずです。あるいは授業であるならば、個々の子どもがその授業中に教師や他の子どもと共に、それぞれの子どもの潜在能力を自ら開花し、美しい絵を描いたり、綺麗な合唱を生み出したり、美しい姿で身体を表現した時に、彼らが発達した、といえることになります。そして、子どもたちのこうした発展に寄り添っているおとなが、子どもたちの潜在的な能力が美しく開花した姿にいわゆるカタルシスを感じるならば、そうしたおとなは、子どもたちの開花によって、自らの感受性を開花することにもなるのではないでしょうか。

こうした意味での発達は、何もいわゆる芸術の授業や表現の授業に限られたことではありません。

それこそ数学の世界に独特の整合性と一貫性の美しさに魅せられた時や、文学教材の授業で、その作品に込められた作者の想いや、登場人物の生き方に感動しながら、教材自体を享受できた時にも、子どもたちは発達した、といえることになります。

しかも、以上のような仕方で子どもたちが彼らの潜在能力を美しく開花すべく、彼らと関わるならば、例えば、他者と共に発展的に展開していく可能性を備えた子どもが美しく開花することに教師や親をはじめとするおとなが関わる時には、子どもに対する働きかけの作用をおとな自身が自己触発により受動的に蒙ることによって、おとなも、教師や親としての自分の潜在能力を子どもと共に発展的に美しく開花していくことになるはずです。しかも、この時にこそ、たとえ教師や親と子どもの実存とが異なっていても、いやむしろ異なっているからこそ、両者は、お互いに作用を及ぼし合うことによって、自分の潜在能力を発展的に開花していくことが、つまり自分自身を豊かに育んでいくことができるはずです。そして、こうしたことを、私たちは、子どもを産むことによってではなく、子どもを慈《いつく》しみつつ育てることによって、親は親に、教師は教師になる、といった言葉で捉えているのでしょう。

こうした仕方で子どもたちの潜在能力を発揮させることこそが、子どもたちの感受性を豊かに育むことになるのではないでしょうか。また、子どもたちがこうした仕方で自分を開花していることに敏感になることが、子どもたちへのおとなの感受性をも豊かに育むことになるのではないでしょうか。

しかも、以上で教育を典型例として述べてきたことは、家庭や学校といった教育実践の場に限られたことではないはずです。教育が人間同士の関わり合いによって成り立つ限り、人間関係においては、お互いを豊かに美しく開花し合うことが、つまり、感受性をお互いに豊かに育み合うことが、いつでもどこでも可能なのではないでしょうか。

感受性を豊かに育むことは、心の襞を解きほぐし、それぞれに備わる潜在能力を美しく開花すること、と筆者には思われてなりません。

索　引

＊頻度の多い項目は，それが主題となっている頁のみを挙げた．

さ　行

引用文献

Blankenburg, W. 1971: *Der Verlust der natürlichen Selbstverständlichkeit,* Ferdinand Enke.（木村敏訳『自明性の喪失』みすず書房，1978）

Buber, M. 1962: *Werke Erster Band,* Lambert Schneider.（田口義弘訳『我と汝・対話』みすず書房，1978／「原離隔と関わり」稲葉稔他訳『哲学的人間学』みすず書房，1969）

Dilthey, W. 1927: *Wilhelm Diltheys Gesammelte Schriften VII. Band, Der Aufbau der geschichtlichen Welt in der Geisteswissenschaften,* Teuber.

Dilthey, W. 1957: *Wilhelm Dilthey Gesammelte Schriften V. Band, Die geistige Welt,* Teuber.

Dilthey, W. 1960: *Wilhelm Dilthey Gesammelte Schriften VIII. Band, Weltanschauungslehre,* Teuber.

フランクル，V. E. 1961: 霜山徳爾訳『夜と霧』みすず書房.

Heidegger, M. 1927: *Sein und Zeit,* Max Niemeyer.（原佑責任編集『ハイデガー』中央公論社，1980）

Heidegger, M. 1950: Der Ursprung des Kunstwerkes, *Holzwege,* Vittorio Klostermann.（菊池栄一訳『芸術作品のはじまり』理想社，1961）

Heidegger, M. 1953: *Einführung in die Metaphysik,* Max Niemeyer.（川原榮峰訳『形而上学入門』理想社，1960）

Heidegger, M. 1954: *Vorträge und Aufsätze,* Günther Neske Pfullingen.

Heidegger, M. 1957: *Der Satz vom Grund,* Günther Neske Pfullingen.

Heidegger, M. 1959: *Unterwegs zur Sprache,* Günther Neske Pfullingen.

Held, K. 1972: Das Problem der Intersubjektivität und die Idee einer phänomenologischen Transzendentalphilosophie, *Perspektiven transzendental-phänomenologischer Forschung,* Martinus Nijhoff.（坂本満抄訳「相互主観性の問題と現象学的超越論的哲学の理念」，新田義弘・村田純一編『現象学の展望』国文社，1986）

Held, K. 1980: Husserls Rückgang auf das phainomenon und die geschichtliche Stellung der Phänomenologie, *Phänomenogische Forschung,* Bd. 10, S. 89-S. 145.

Husserl, E. 1950: *Cartesianische Meditationen und Pariser Vorträge,* Martinus Nijhoff.（船橋弘訳「デカルト的省察」『世界の名著 51 ブレンターノ・

フッサール』中央公論社，1970）
Husserl, E. 1954: *Die Krisis der europäischen Wissenschaften und die transzendentale Phänomenologie,* Martinus Nijhoff.（細谷俊夫他訳『ヨーロッパ諸学の危機と超越論的現象学』中央公論社，1974）
神谷美恵子 1966:『生きがいについて』みすず書房.
木村敏 1975:『分裂病の現象学』弘文堂.
Landgrebe, L. 1974: Reflexion zu Husserls Konstitutionslehre, *Tijdschrift voor Filosofie,* 36e Jaargang Nr. 3.（小川侃訳「フッサールの構成論についての反省」，新田義弘・小川侃編『現象学の根本問題』晃洋書房，1978）
Merleau-Ponty, M. 1945: *Phénoménologie de la perception,* Gallimard.（竹内芳郎・小木貞孝訳『知覚の現象学 1』みすず書房，1967）
Merleau-Ponty, M. 1964: *L'Œil et l'Esprit,* Gallimard.（「眼と精神」，滝浦静雄・木田元訳『眼と精神』みすず書房，1966）
中田基昭 1984:『重症心身障害児の教育方法』東京大学出版会.
中田基昭 1993:『授業の現象学』東京大学出版会.
中田基昭 1996:『教育の現象学』川島書店.
中田基昭 1997:『現象学から授業の世界へ』東京大学出版会.
中田基昭編著 2003:『重障児の現象学』川島書店.
中田基昭 2004:「人間研究における生の深さとその感受」『人間性心理学研究』第 22 巻第 1 号，115-126 頁.
Sartre J.-P. 1943: *L'être et le néant,* Gallimard.（松浪信三郎訳，『存在と無 I, II, III』人文書院，1956; 1958; 1960）
Scheler, M. 1921: *Der Formalisumus in der Ethik und die materiale Wertethik,* Max Niemeyer.（吉沢伝三郎他訳『シェーラー著作集 2 倫理学における形式主義と実質的価値倫理学（中）』白水社，1976）
Schmitz, H. 1974: Das leibliche Befinden und die Gefühle, *Zeitschrift für philosophishe Forschung,* Nr. 28.（武市明弘他訳「身体の状態感と感情」，新田義弘・小川侃編『現象学の根本問題』晃洋書房，1978）
Schmitz, H. 1981: *System der Philosophie III/2,* Bouvier.
シュビング，G. 1966. 小川信男他訳『精神病者の魂への道』みすず書房.
田端健人 2001:『「詩の授業」の現象学』川島書店.
Theunissen, M. 1977: *Der Andere,* Walter de Gruyter.
Waldenfels, B. 1971: *Das Zwischenreich des Dialogs,* Martinus Nijhoff.
渡辺二郎 1962:『ハイデッガーの実存思想　第 2 版』勁草書房.

著者略歴
1948年　東京に生まれる．
1974年　東京大学教育学部卒業．
現　在　東京大学大学院教育学研究科教授．
　　　　教育学博士

主要著書
『重症心身障害児の教育方法』（1984 年，東京大学出版会）
『授業の現象学』（1993 年，東京大学出版会）
『教育の現象学』（1996 年，川島書店）
『現象学から授業の世界へ』（1997 年，東京大学出版会）
『重障児の現象学』（編著，2003 年，川島書店）

感受性を育む
──現象学的教育学への誘い

2008 年 6 月 30 日　初　版

［検印廃止］

著　者　中田基昭《なかだもとあき》

発行所　財団法人　東京大学出版会

代 表 者　岡本和夫

113-8654 東京都文京区本郷 7-3-1 東大構内
http://www.utp.or.jp/
電話　03-3811-8814　Fax　03-3812-6958
振替　00160-6-59964

印刷所　株式会社三陽社
製本所　誠製本株式会社

ISBN 978-4-13-051314-2　Printed in Japan

中田基昭著　現象学から授業の世界へ　A5判・一一〇〇〇円

西平　直著　教育人間学のために　四六判・二六〇〇円

秋田喜代美・恒吉僚子・佐藤　学編　教育研究のメソドロジー　学校参加型マインドへのいざない　A5判・二八〇〇円

佐藤　学・今井康雄編　子どもたちの想像力を育む　A5判・五〇〇〇円

浅井幸子著　教師の語りと新教育　A5判・六二〇〇円

矢野智司著　贈与と交換の教育学　A5判・五四〇〇円

ここに表示された価格は本体価格です．
御購入の際には消費税が加算されますので御了承ください．